Anni E. Lindner

WIE WIR EINE VERSUNKENE STADT SUCHTEN UND DABEI BEINAHE DAS KLIMA GERETTET HÄTTEN

Anni E. Lindner

WIE wir EINE VERSUNKENE STADT suchten und dabei beinahe DAS KLIMA GERETTET hätten

Francke

Über die Autorin:
Anni E. Lindner ist Heilsarmeeoffizierin und lebt in dieser Funktion mit ihrem Mann und den sechs Kindern ein fröhliches Nomadenleben. Derzeit leitet das Ehepaar das Kinder- und Familienzentrum »Heilse« in Chemnitz.

annie.lindner_worte.in.welten
Anni E. Lindner

MIX
Papier aus verantwortungsvollen Quellen
FSC® C014138

Bibliografische Information der Deutschen Nationalbibliothek
Die Deutsche Nationalbibliothek verzeichnet diese Publikation in der Deutschen Nationalbibliografie; detaillierte bibliografische Daten sind im Internet über https://dnb.de abrufbar.

ISBN 978-3-96362-395-0

35037 Marburg an der Lahn
Cover- und Innenillustrationen: Angela Glökler
Umschlaggestaltung: Francke-Buch GmbH / Marion Schramm
Satz: Francke-Buch GmbH
Printed in Czech Republic

www.francke-buch.de

Inhalt

Wer wir sind

Emmi (das bin ich): Emilia Himmelweit. Dreizehn Jahre alt. Hobbys: träumen und lesen. Lange blonde Haare wie eine Prinzessin ... (Spaß. In Wirklichkeit sind sie zwar lang, aber immer verfilzt. Ich habe eine Bürste und ich benutze sie auch. Aber nur im Notfall.) Sommersprossen und leicht wie ein Windhauch.

Sofi: Sofi Himmelweit. Die Älteste in der Geschwisterschar (siebzehn) und deshalb sehr gefragt, wenn es um Tipps fürs Leben geht. Sie ist sehr hübsch und hat schon einen Freund namens Paul.

Sam: Samuel Himmelweit.
Nur siebzehn Monate jünger als Sofi, aber altklüger als sie. Er weiß alles über Fußball und Flugzeuge, und er weiß alles besser als wir.

Jo: Johann Himmelweit.
Er kennt sich mit Problemen aus, denn er hat selbst immer welche. Aber er ist auch sehr aufmerksam und kämpft für Gerechtigkeit. Er ist elf und der Stärkste von uns.

Hummel: Elias Himmelweit. Achtjähriger Tierfreund, der sich um jedes Lebewesen kümmert, das ihm über den Weg läuft. Bester großer Bruder für Lany und süßer (trotzdem nerviger) kleiner Bruder für mich.

Bella: Unsere Hündin, eine Golden-Retriever-Dame. Sie ist drei Jahre alt und befindet sich immer dort, wo Hummel ist.

Lany: Elana Himmelweit. Wird auch »Lany Turnschuh« genannt, weil sie im Turnverein ist und fast jeden Tag trainiert, obwohl sie erst fünf ist.

Mama: Ist von Beruf Psychotherapeutin und arbeitet halbtags in einer Praxis in der Nachbarstadt. Den Rest des Tages ist sie zu Hause für uns da, wenn sie nicht gerade Ställe ausmistet, Wäsche wäscht, Böden schrubbt, Essen kocht oder Klamotten näht.

Papa: Bester Papa der Welt. Er ist sportlich und kann Computerspiele programmieren, weil er Medieninformatiker ist. Außerdem kennt er sich mit allem aus, was Mama nicht weiß.

Achtung, Schlange!

Die Schlange ist an allem schuld.

Das Boot wäre nämlich nie in Seenot geraten, wenn sie nicht aus Jos Tasche gekrochen wäre.

Allerdings wären Neva und ich dann auch keine Freundinnen geworden. Schließlich hat sie uns alle am Anfang ganz schön angelogen. Dass wir trotzdem so viele tolle Sachen zusammen erlebt haben, ist eigentlich ein Wunder.

Seltsamerweise entwickeln sich die richtig guten Erlebnisse bei mir oft aus ganz unschönen Situationen. Peinlichen meistens. So wie das mit der Schokocreme im Gesicht. Nur weil ich während der Sportstunde kurz in die Umkleide gegangen bin, um von meinem Brot abzubeißen. Ich war einfach hungrig! Leider hatte ich dem Lehrer gesagt, ich müsste auf die Toilette. Du kannst dir ja denken, was die anderen da auf meiner Wange vermutet haben.

Aber dann werden aus diesen unangenehmen

Sachen eben auch wieder schöne. Luca hat sich zum Beispiel kaputtgelacht, als ich ihm davon erzählt habe. Es gibt nichts Schöneres, als den besten Freund zum Lachen zu bringen. Obwohl, eins kommt schon nah dran: neue Freunde zu finden. So wie wir, als wir dieses Jahr in den Osterferien nach Kroatien fahren mussten.

Eigentlich hatten wir alle keine richtige Lust dazu. Stundenlang Auto fahren, nur um ein paar Tage auf einer steinigen Insel zu verbringen? Im Frühling, wenn das Meer noch zu kalt zum Baden ist? Das klang nicht besonders verlockend.

Papa versuchte es zwar schönzureden, aber das klappte nicht. Die ganze Reise fand sowieso nur statt, weil er in Kroatien arbeiten musste. Er ist Software-Entwickler und wollte mit seinen Kollegen in Zadar (das ist eine Stadt in Kroatien) irgendwas austüfteln. Mama fand es super, weil sie Bekannte hat, die dort in der Nähe ein Ferienhaus haben. Das Haus steht auf einer Insel, auf der es folgende tolle Dinge gibt: keine.

Dachten wir.

Wir hatten ja keine Ahnung, was wir alles erleben würden.

Die Schlange war nur der Anfang. Sie hat Hummel und mich zwar zu Tode erschreckt – aber dann war sie irgendwie auch der Grund dafür, dass Neva uns ihr Geheimnis erzählt hat. Dadurch fing das ganze Abenteuer erst so richtig an.

Willst du wissen, was passiert ist?

Dann mach dich bereit für eine Geschichte, die du genauso gut erlebt haben könntest wie ich. Vorausgesetzt natürlich, du würdest freiwillig in ein Boot steigen, das von einem zwölfeinhalbjährigen Mädchen gesteuert wird, welches du erst am Tag zuvor kennengelernt hast. Mit deinen Brüdern, von denen der eine nicht schwimmen kann und der andere Schlangen in seiner Umhängetasche schmuggelt.

Aber ich fange mit dem Erzählen vielleicht besser ein bisschen weiter vorne an …

Warum ich wirklich mies gelaunt war

Ich bin übrigens Emmi, falls ich vergessen haben sollte, mich vorzustellen.

Mein dreizehnter Geburtstag war genau drei Wochen her, als wir auf dem Himmelhof ins Auto stiegen. Meine Familie und ich, wir wohnen im Erzgebirge auf einem Bauernhof. Ich habe fünf Geschwister, zwei sind älter und drei jünger als ich.

Meine Eltern kennen sich, seit sie zusammen studiert haben – Papa Informatik und Mama Psychologie. Nach der Uni haben sie geheiratet und ziemlich viele Kinder bekommen (also uns, logischerweise). Dazu noch Bella – die liebste Hündin der Welt –, eine Kuh, drei Schafe und eine ganze Menge Hühner.

Bella durfte nicht mit nach Kroatien fahren. Hummel war darüber todtraurig, weil er sie über alles liebt. Ich konnte verstehen, dass die lange Fahrt zu viel für sie gewesen wäre. Außerdem blieb Sofi ja auch zu Hause. Sie ist schon siebzehn und wollte die Osterferien lieber mit ihrem Freund Paul verbringen.

Jedenfalls fuhren wir an diesem Tag abends los, weil Mama und Papa den größten Teil der Strecke in der Nacht hinter sich bringen wollten, während wir schliefen.

Das Problem war nur, dass der Start nicht ganz so friedlich verlief wie geplant. Hummel heulte wie verrückt und wollte ohne Bella nicht ins Auto steigen. Davon war Jo extrem genervt, was wiederum mich aufregte. Also versuchte ich, der Situation zu entfliehen. Ich packte mein Lieblingskissen und eine Decke an meinen Platz, schnallte mich an und kuschelte mich ein. Auf die Ohren kam mein neuer Kopfhörer, Playlist an, fertig. Die Welt war ausgeblendet und ich konnte entspannen.

Es sind eintausendeinhundertfünfzig Kilometer Fahrt von meinem Heimatort bis auf die Insel Pag in Kroatien. Ungefähr achthundert davon habe ich verschlafen. Ich bin sehr gut im Schlafen. Wenn es eine olympische Disziplin »Tiefschlaf« gäbe, hätte ich Chancen auf den Weltmeistertitel.

Jo dagegen war wach. Nach eigenen Aussagen die

ganze Reise über. Ich glaube das zwar nicht, aber spätestens für die Strecke ab der Grenze zu Österreich wird es schon stimmen. Er zählte nämlich die Tunnel, durch die wir fuhren. Zwei davon waren so lang, dass ich Platzangst bekommen hätte. Aber ich habe sie ja verschlafen.

Als wir endlich in die Nähe der Insel kamen, war ich wach und ehrlich aufgeregt. Eigentlich sah das Meer nämlich von Weitem doch sehr schön aus. So blau und glitzernd.

Unser Auto rollte über eine Brücke und ich schaute staunend auf das weite Wasser. Weiße Segel von Booten, die wie Spielzeug aussahen, wogten auf den Wellen. Es war windig und die Sonne strahlte vom klaren Himmel.

Doch, ich kam in Urlaubslaune.

Selbst Hummel und Lany hatten glänzende Augen. Nur Jo guckte mürrisch, weil er ja nicht geschlafen hatte.

Er meckerte: »So eine kurze Brücke? Ist ja gar keine richtige Insel.«

Ich verdrehte die Augen. Klar ist es eine Insel, wenn ringsherum Wasser ist. Obwohl ich auch ein bisschen mehr erwartet hatte.

Sam schaute die ganze Zeit nur auf sein Handy.

Das Meer war wirklich wunderschön blau, aber der Rest der Gegend sah trostlos aus. Eine richtige Felsenwüste. Ich hatte schon gewusst, dass in Kroatien die Berge bis ans Meer gehen. Aber hier sah es aus, als hätte jemand einfach eine große Ladung Steine hineingekippt.

»Mondlandschaft«, murmelte Jo.

Ich musste ihm recht geben. Deshalb stellte ich mir vor, unser Auto wäre ein Raumschiff. Wir hätten einen neuen Planeten entdeckt und würden ihn erforschen.

Ich hätte nicht gedacht, wie nah diese Fantasie doch an der Wirklichkeit dran sein würde. Neva und die anderen kamen mir am Anfang nämlich wirklich wie Aliens vor.

»Jetzt sind wir bald da«, erklärte Mama, die am Steuer saß.

Jo kniff die Augen zusammen und maulte: »Wohnen hier überhaupt Menschen? Sieht nicht danach aus.«

Auch damit hatte er leider recht. Zwar kamen uns einige Autos entgegen, aber Häuser gab es nicht.

Papa zeigte auf ein Gebäude, das auf einem steinernen Hügel hinter einem Streifen blauem Meer aufragte. »Dort gab's jedenfalls früher welche«, meinte er schmunzelnd.

Jo zog die Nase kraus. Die Steine des Gebäudes hatten dieselbe Farbe wie der Fels, auf dem es stand. Kein Dach, keine Fenster, keine Türen. Es sah aus wie die Ruine einer Burg. Nur dass alles von der Sonne ausgebleicht war. Ohne das funkelnde Wasser hätte es gruselig gewirkt.

»Wartet mal ab. Ein Stück weiter wird die Insel grüner. Aber hier haben Pflanzen keine Chance. An anderen Stellen ist die Küste bewachsen. Da, wo unser Ferienhaus steht, gibt es auch Menschen.« Mamas Stimme klang glücklich. Das war schön und es machte mich irgendwie auch froh. Außerdem stimmte, was sie sagte. Nach einer Weile wurde die Landschaft schöner. Kleine Bäume und so was wie Wiesen (allerdings immer noch mit sehr vielen Steinen) waren zu sehen.

Schließlich bogen wir von der Hauptstraße ab.

Ich hatte echt Angst, das Ferienhaus würde mitten in diesen steinigen Bergen an einem einsamen Hang stehen, weit weg vom Strand. Aber dann fuhren wir durch eine Kurve und da war es wieder: das Meer! Ziemlich nahe am Strand standen siebzehn Häuser.

Ich habe sie gezählt.

Auf den ersten Blick wirkten sie auch wie ausgestorben. Mama fuhr ganz langsam an ihnen entlang. Da entdeckte ich Weinpflanzen, die sich an den Wänden entlangrankten. Wäscheleinen, an denen bunte Kleidungsstücke im Wind flatterten. Und Hühner! Ach, ich liebe Hühner. Wir haben selbst welche, und wo Hühner sind, da fühle ich mich wohl.

Dachte ich.

Schließlich hielt Mama vor dem Haus ganz am Ende der kleinen Siedlung. Es war früher offenbar einmal rosa gewesen, inzwischen war die Farbe aber total verblasst. Von den weißen Fensterrahmen blätterte der Lack ab. Neben der Eingangstür lehnte ein Fahrrad an der Wand, das schon dicht von einer rankenden Pflanze überwuchert war.

Hummel reckte den Hals und fragte: »Wo ist denn der Pool?«

»Hinterm Haus«, gab Mama zurück, während sie auf einer winzigen Fläche zwischen Hauswand und einer Steinmauer einparkte.

»Ich will auch in den Pool!«, quiekte Lany und löste ihren Gurt.

Papa versuchte, die Kleinen zu beschwichtigen: »Immer mit der Ruhe.«

In diesem Moment kamen zwei Frauen aus dem

Haus. Ich wusste zwar, dass es Mamas Freundinnen sein mussten, aber ich mag es einfach überhaupt nicht, fremde Menschen kennenzulernen.

Dass die beiden erst der Anfang waren, war mir da noch nicht klar.

Jedenfalls versuchte ich, ein halbwegs freundliches Gesicht zu machen, während wir fünf Geschwister uns aus dem Wagen schälten. Unsere Beine waren ziemlich steif von der langen Fahrt. Ein frischer Wind begrüßte uns. Irrte ich mich oder roch er nach Meer? Der nächste Geruch, der meine Nase beanspruchte, war leider nicht zu ignorieren. Eine füllige Frau quetschte mich an ihren Busen. Sie roch nach Parfüm und gekochtem Kohl. Unangenehm.

»Willkommen!«, gurrte sie, als wäre ich ihr lang vermisstes Enkelkind. Obwohl, im Nachhinein betrachtet war sie wohl etwa so alt wie meine Mutter. Aber mir kam sie viel älter vor. »Kommt, kommt, ich habe leckere Sachen für euch vorbereitet!«

Mama verhinderte, dass ich direkt ins Haus geschoben wurde. »Nimm bitte gleich deine Tasche mit rein«, bat sie mich.

Hummel, Jo, Sam und Lany waren schon mit Gepäckstücken beladen, die Papa aus dem Kofferraum holte.

Ich stellte mich zu ihm und schaute in das fast leere Auto. »Wo ist denn meine ... Oh nein.« Mir wurde ganz heiß.

Ich wusste genau, wo meine Tasche war: zu Hause auf dem Himmelhof.

Das fängt ja gut an!

Mama schaute mich mit hochgezogenen Augenbrauen an. Ich wusste, dass sie überlegte, ob sie schimpfen sollte oder nicht. Zum Glück entschied sie sich für »nicht« und wuschelte mir nur durch die Haare. Ich glaube, sie war einfach müde von der Fahrt.

»Es hat nicht viel Sinn, dir vorzuhalten, dass ich dachte, ich könnte mich auf dich verlassen, oder?«, seufzte sie. »Es ist ein bisschen weit, um noch mal zurückzufahren.«

Die Tasche stand noch neben meinem Bett. Mama hatte mich gebeten, sie zu holen. Aber ich hatte Tasche, Kissen, Decke und Kopfhörer nicht gleichzeitig tragen können. Tja, und dann hatte ich es einfach vergessen.

Ich wischte mir mit der Hand über die Augen und starrte auf den Boden. Mama nahm mich in den Arm.

»Es war wirklich chaotisch gestern Abend und ich

hätte nachsehen sollen, ob wir alles dabeihaben«, murmelte sie und drückte mich. »Na komm, gehen wir erst mal ins Haus. Uns wird schon eine Lösung einfallen.«

Natürlich sahen alle mich sofort an, als ich ins Wohnzimmer kam. Meine ganze Familie und die fremden Damen standen um einen großen Esstisch herum, auf dem mehrere Platten mit Käse, Wurst und Gemüse standen.

Die Frau mit dem kuschligen Busen strahlte: »Ein kleiner Willkommenssnack für euch, meine Lieben!« Dann bemerkte sie mein bedrücktes Gesicht und wurde gleich ganz mütterlich: »Aber warum so traurig, Kleines? Ist etwas passiert?«

»Wir haben ihre Tasche zu Hause vergessen«, erklärte Mama ruhig. Eigentlich war das ja ganz allein meine Schuld. Ich fand es lieb von ihr, dass sie trotzdem »wir« sagte.

Die Frau bekam gleich glänzende Augen und fing an, hektisch mit den Armen zu wedeln. »Nicht weinen, nicht weinen! Das ist gar kein Problem. Du kannst dir Sachen von Neva leihen. Gleich, wenn ihr gegessen habt, stelle ich sie dir vor. Ihr werdet euch mögen! Ja, ja, da bin ich mir ganz sicher.«

Als ob die Anziehsachen meine größte Sorge gewesen wären! Vielmehr würde ich eine ganze Woche ohne meine wirklichen Schätze auskommen müssen: meine Bücher und das Vierundzwanziger-Set Filzstifte, das ich zum Geburtstag bekommen hatte. Zum Glück hatte ich wenigstens meine Durchlesebibel im Rucksack. Die mit den zerfledderten Seiten, in der ich ganz viele Sätze markiert hatte. Ich lese mir einige dieser Verse abends immer durch, immer dieselben. Das hilft mir, mich zu beruhigen, bevor ich einschlafe.

Während ich in Gedanken durchging, was mir alles fehlen würde, suchten meine Geschwister sich schon ihre Plätze am Esstisch.

Die superhilfsbereite Frau – sie hieß übrigens Dora, wie ich später erfuhr – klatschte in die Hände. »Nun nehmt doch Platz und esst erst einmal. Das ist alles hausgemacht. Käse vom Nachbarn. Die Wurst ist von unseren Schafen, wir schlachten selbst, immer vor dem Winter. Gut geräuchert, ah, ein fantastisches Aroma, ihr werdet es lieben. Und erst die Oliven! Es war eine gute Ernte letztes Jahr. Hoffentlich wird dieser Sommer nicht zu trocken, aber doch heiß. Nun, ich will euch nicht aufhalten. Esst, esst!«

»Danke, Dora!« Mama lächelte. Sie wirkte ein bisschen überfordert auf mich.

Papa legte eine Hand auf ihre und meinte mit seiner ruhigen Stimme: »Das ist wirklich großzügig von euch, Dora. Sam, würdest du bitte das Tischgebet sprechen?«

Mein größter Bruder fuhr sich mit der Hand durch das dunkle Haar, das ihm wie immer in die Stirn hing, und nickte. Auch Dora machte die Augen zu (ich sah es, weil ich meine als Letzte schloss).

Dann betete Sam, ein wenig nuschelig: »Danke, Gott, dass du uns sicher nach Kroatien gebracht hast. Danke für dieses leckere Essen, das so liebevoll für uns vorbereitet wurde. Ähm ... Bitte lass uns einen schönen Urlaub haben. Und die Oliven auch in diesem Jahr gut wachsen.« Er räusperte sich und wir machten alle die Augen wieder auf.

Ich ließ meinen Blick über die Leckereien schweifen. Käse und Gemüse mag ich sehr. Wurst auch, vor allem, wenn sie von Tieren aus artgerechter Haltung stammt. Aber Schafe und Wurst passten für mich nicht so richtig zusammen. Deshalb griff ich zuerst nach einer Scheibe des hellen, weichen Brotes, das Papa mir reichte. Ich wählte eine Sorte Käse aus und fügte noch eine Olive hinzu. Es roch fantastisch. Beherzt biss ich in das Brot unter dem gespannten Blick von Dora. Es schmeckte – salzig. Sehr salzig!

»Wunderbar, oder?«, fragte Dora. Offenbar hatte ich meine Gesichtszüge besser im Griff, als ich dachte. Mit funkelnden Augen feuerte sie mich an: »Iss nur, lass es dir schmecken!«

Zum Glück habe ich noch mehr Geschwister, die beim Essen beobachtet werden konnten. Lany, die erst fünf ist und deshalb sehr ehrlich, spuckte ihr Stück Käse zurück auf den Teller. Mama griff erschrocken zur Serviette und warf der Gastgeberin einen entschuldigenden Blick zu.

»Das schmeckt nach Salz!« Meine kleine Schwester schüttelte sich.

Zu meiner Überraschung lachte Dora nur. »Ja, dafür ist der Pager Käse berühmt. Der Wind treibt Meerwasser auf die Weiden. Weil die Schafe salziges Gras fressen, schmeckt auch ihre Milch ein wenig danach. Ist nicht schlimm, dass du es nicht magst. Hier, probier ein Würstchen.«

Zum Glück aß Lany die Wurst und allmählich entspannte ich mich ein bisschen. Sam verwickelte Dora ziemlich schnell in ein Gespräch, Hummel und Jo fingen einen kleinen Streit an und Papa erzählte Mama irgendwas über die Besonderheiten der Insel, die er im Vorfeld gegoogelt hatte. Niemand achtete auf mich. So mag ich das. Gerade war ich in einen meiner Tagträume abgetaucht, da holte Mamas Stimme mich auch schon wieder in die Realität.

»Das machen wir, sobald wir uns ein wenig eingerichtet haben, ja, Emmi?«

Dora und Mama sahen mich erwartungsvoll an, also nickte ich. Ich hatte keinen Schimmer, worum es ging.

»Ja klar. Gern.«

»Ich sage Stepan Bescheid, dann kann Neva schon etwas vorbereiten. Ihr werdet euch mögen, ihr beiden!« Dora kniff mich in die Wange. Ich vermute, es sollte zärtlich sein, tat aber ein bisschen weh. Und man darf mich nicht einfach so anfassen. Deshalb blickte ich ganz schön böse und Hummel stupste mich warnend an.

Dora eilte zur Tür hinaus und ich legte mein Brot auf den Teller.

»Was machen wir jetzt, Mama? Ich habe nicht zugehört.«

Mama grinste. Sie hatte es also gemerkt. »Wir gehen zu den Nachbarn. Deren Tochter leiht dir Sachen zum Anziehen.«

Ich stöhnte. Noch eine Person, die ich heute kennenlernen musste. Und dann auch noch eine in meinem Alter. Wie peinlich, dass sie mir Klamotten geben sollte! Dass Dora ständig beteuerte, wir würden uns bestimmt mögen, machte es auch nicht besser. Im Gegenteil, wenn Erwachsene so was sagen, dann stimmt es meistens nicht.

»Ich hab doch was an. Können wir nicht einfach morgen in der Stadt noch ein paar Shirts und so kaufen? Für eine Woche brauche ich doch nicht viel«, versuchte ich die Sache abzuwenden.

Aber Mama schüttelte den Kopf. »Das wäre jetzt unhöflich, Emmi. Lass uns doch erst mal schauen, was dieses Mädchen für dich hat. Ist doch schön, wenn du gleich jemanden in deinem Alter kennenlernst.«

Sam sah, wie ich die Augen verdrehte, und stichelte: »Ihr werdet euch bestimmt mögen! Ja, ja!«

Jo lachte und Papa warf den beiden einen strengen Blick zu.

»Wenn ihr fertig seid mit dem Essen, könnt ihr mir gleich helfen, den Tisch abzuräumen.«

Jetzt grinste ich ein wenig schadenfroh in mich hinein. Ich wusste ja nicht, wie der Tag sich weiter entwickeln sollte.

Ungefähr eine halbe Stunde später folgte ich Mama nach draußen. Die Sonne war warm und ein

Windstoß fuhr mir ins Haar. Es wehte mir aus dem Gesicht und ich fühlte mich für einen kurzen Moment wie ein Model auf dem Laufsteg. Allerdings sah nur ein alter Hund träge zu mir herüber. Er lag vor dem Haus auf der anderen Straßenseite und hatte staubiges Fell. Überhaupt wirkte alles hier sehr trocken, als hätte es lange Zeit nicht geregnet. Feiner Sand wehte über die Straße. Die Bäume sahen anders aus als bei uns zu Hause. Sie waren kleiner und neigten sich alle in eine Richtung. Es war die Richtung, in die der Wind sie auch jetzt drückte. Ich atmete tief ein. Konnte es sein, dass ich sogar Salz in der Luft riechen konnte?

Laute Stimmen rissen mich aus meinen Gedanken. Es klang, als würden meine kleinen Brüder sich streiten, aber die waren ja in unserem Ferienhaus. Mama steuerte genau auf den Lärm zu. Sie ging am Nachbarhaus vorbei und schwenkte in dessen Garten ein. Eine graue Steinmauer versperrte die Sicht, aber Mama schlüpfte durch die Pforte und bog um die Mauer. Da sah ich auch schon die Quelle des Lärms: zwei Jungs, wie erwartet. Der eine chillte auf einem rot-weiß gestreiften Liegestuhl. Der andere rannte um ihn herum. Er hielt etwas in der Hand, das der im Liegestuhl scheinbar zurückhaben wollte.

»Gib her!«, motzte der, machte sich aber nicht die Mühe aufzustehen. Er sah meinem Bruder Jo ein bisschen ähnlich.

Ich konnte jetzt erkennen, worum die Jungen sich stritten. Es war eine Spielekonsole.

»Na los, steh auf!«

Der, der rannte, war klein und dünn. Ich schätzte ihn auf acht Jahre. Seine grauen Augen blitzten frech. Glatte dunkelbraune Haare, die im Nacken lang und vorne kürzer waren, flogen beim Laufen wild um sein Gesicht. Obwohl es nicht besonders warm war, trug er nur rote Shorts, sonst nichts.

»Ante, gib Oskar die Konsole zurück«, mischte sich jetzt jemand ein. Ich hörte nur die Stimme. Sie kam aus dem geöffneten Fenster, vor dem der Liegestuhl stand. Dieser Garten, oder besser Hinterhof, sah wirklich so aus, wie ich mir das Wohnen in einem Land am Meer vorgestellt hatte. Der Boden war mit großen Steinplatten ausgelegt und offensichtlich sorgfältig gefegt. Zwei Terrakottakübel standen neben der Tür, die ins Haus führte. Darin wuchsen Palmen. Es gibt die auch bei uns im Baumarkt zu kaufen, aber in dieser Umgebung wirkten sie irgendwie echter. Der Liegestuhl stand ein Stück von der Hauswand entfernt unter einem ausgebleichten

Sonnensegel. Etwas abseits davon schimmerte eine Wasserpfütze. Von da, wo ich stand, konnte ich es nicht genau sehen, aber vermutlich stammte sie aus dem Pool. Der schien sich hinter dem Haus zu befinden, denn dorthin führte eine Treppe, auf der eine Poolnudel und ein halb platter Wasserball lagen.

»Mann, jetzt gib schon her!«, wiederholte der Kleine im Sonnenstuhl. Er machte aber keine Anstalten, sich zu bewegen.

Aus dem Küchenfenster kam jetzt ein ganzer Schwall kroatischer Worte, die ziemlich aufgebracht klangen. Der Renner blieb stehen und streckte den Arm aus. Mit einem Gesichtsausdruck, der besagte, dass das Spiel noch nicht beendet war, schaute er den anderen an und öffnete die Hand. Die Konsole klatschte auf den Bauch des Jungen im Stuhl.

»Au!«, kreischte dieser empört, schnappte sich aber direkt die Konsole und fing an zu zocken.

Erst jetzt entdeckte der Junge mit den braunen Haaren Mama und mich. Er rief etwas auf Kroatisch und sah mich dann mit zur Seite gelegtem Kopf an. »Bist du das Mädchen, das seine Tasche vergessen hat?«

Seufzend nickte ich. »Jep.«

»Hi, ich bin Ante. Das da ist Oskar.«

Oskar reagierte gar nicht. Er war völlig in sein Spiel vertieft.

»Meine Mutter hat gesagt, ich soll dich zu Neva bringen, wenn du auftauchst. Dora ist schon dort und zwingt sie, dir ihre besten Klamotten zu geben.«

»Wie bitte?« Mein Gesicht wurde ganz heiß. Wie peinlich! Hoffentlich stimmte das nicht.

»Sie wird das bestimmt total doof finden«, ergänzte der Kleine wenig hilfreich. »Neva kann Fremde nicht leiden. Sie ist eh lieber allein und macht ihr eigenes Ding.«

Wow, das waren ja super Voraussetzungen für das Kennenlernen. Eigentlich wäre mir das sehr sympathisch gewesen, denn ich bin auch ganz gern für mich. Aber jetzt musste dieses Mädchen wegen meiner blöden Vergesslichkeit seine privaten Sachen mit einer Unbekannten teilen. Oh Mann.

»Na los, kommt mit. Neva wohnt da drüben.«

»Ich wollte deiner Mutter Hallo sagen«, schaltete Mama sich jetzt ein. »Ist es in Ordnung, wenn ihr beide allein rübergeht?«

»Nein!«, wollte ich rufen, ließ es aber sein. Ich wollte ja auch nicht so schüchtern wirken, wie ich nun mal bin.

Ante zuckte mit den Schultern und winkte mich zu sich. Die Haut an seinen Armen war schon so richtig braun gebrannt, obwohl es gerade erst Mitte April war.

Unwillig folgte ich ihm, während Mama an die Hintertür klopfte und im Haus verschwand.

Wir gingen die Treppe hinauf, vorbei an dem Ball und der Poolnudel. Oben war tatsächlich ein großes Schwimmbecken, aber es war leer. Genau wie unseres. Jemand hatte es wohl gerade erst ausgespritzt und geschrubbt. Der Wasserschlauch und eine riesige Bürste lagen auf dem Boden des Beckens.

Hinter dem Pool ragte wieder eine Mauer auf. Diese war rosa angestrichen und so hoch, dass ich nicht drübergucken konnte. Auf der anderen Seite gab es einen Bretterzaun, an dem viele kleine Blumentöpfe hingen. Lavendel sprießte überall am Boden unter dem Zaun hervor und beim Näherkommen hörte ich das Summen unzähliger Insekten. Sie flogen zwischen den Blüten hin und her. An einer Zaunlatte entdeckte ich eine Gottesanbeterin. Ich betrachtete sie mit einer Mischung aus Ekel und Ehrfurcht, aber Ante drängte mich weiterzugehen.

»Hier entlang«, forderte er mich auf und hüpfte wie ein Gummiball. Anscheinend hatte er ein bisschen zu viel Energie. Er schlüpfte durch ein Tor im Zaun und schon standen wir auf dem Nachbargrundstück. Genauer gesagt: in einem winzigen Gang zwischen Zaun und Haus, auf den sich nur zwei Mülltonnen und ein mickriger Baum quetschten, dazwischen wieder eine Tür. Sie führte direkt in das finster wirkende Häuschen.

Gerade wollte Ante eintreten, als ein Mädchen im Türrahmen erschien, das aussah wie ich, nur mit braunen Haaren. Die Augen hatte es zu schmalen Schlitzen zusammengekniffen und die Nase krausgezogen. Es war Neva, wie Anton mir zuraunte.

Sie fauchte: »Kommt bloß nicht rein!«

Denke ich jedenfalls, denn verstehen konnte ich sie nicht. Sie sprach natürlich kroatisch.

Ante erwiderte irgendwas, dann zuckte er mit den Schultern.

»Setzen wir uns hierhin«, sagte er gelassen zu mir. »Sie bringt uns das Zeug dann raus, wenn sie fertig ist.«

Wir hockten uns auf zwei Steine, die unter dem Baum lagen. Um die eine Mülltonne schwirrten Fliegen. Über uns spannte sich der blaue Himmel, von dem ich dank Haus und Zaun aber nur einen schmalen Streifen sehen konnte. Ante hatte ein Ästchen aufgehoben und zerknackte es in lauter kleine Stückchen. Davon abgesehen war es ganz still. Ich versuchte, meine Nervosität zu bekämpfen, indem ich die Fenster des Hauses zählte. Leider waren es an dieser Seite nur vier.

»Warum sprichst du eigentlich Deutsch, obwohl du hier wohnst?«, fragte ich Ante, als ich die Fenster fünf Mal gezählt hatte.

Er hob den Kopf und grinste mich an. »Ich wohne doch nicht hier«, entgegnete er spöttisch, als wäre das eine vollkommen absurde Vermutung.

»Oskar und ich, wir wohnen beide in Berlin. Wir sind einfach nur immer in den Ferien hier. Meine Mutter und sein Vater sind Geschwister. Die stammen von der Insel und kümmern sich abwechselnd um Oma. Meine Mutter ist also Kroatin, deshalb spreche ich Kroatisch. Aber mein Vater ist aus Berlin und da wohne ich auch. Ganz einfach.«

»Ach so.«

Mir fiel wieder ein, dass Mama ja in Berlin studiert hatte und die Frauen von dort kannte. Ich hatte aber irgendwie nicht damit gerechnet, dass deshalb auch gleich das halbe Dorf Deutsch sprechen würde.

»Und Neva? Die spricht nur Kroatisch, oder …?«

Bevor Ante antworten konnte, tauchte Dora in der Tür auf. Sie strahlte. »Da seid ihr ja!«

Sie zog Neva hinter sich hervor und schob sie zu mir auf den Hof. Das Mädchen mit dem grimmigen Blick hielt eine Plastiktüte mit Klamotten in der Hand.

»Neva, das ist Emmi – Emmi, das ist Neva. Wie schön, dass ihr euch kennenlernt!«

»Ich freue mich«, nuschelte ich und streckte Neva die Hand entgegen. Mein Lächeln wirkte vermutlich etwas verkrampft, aber ich gab mein Bestes.

Neva dagegen rümpfte nur die Nase und ignorierte meine Geste. »Hier«, sagte sie. »Passen mir eh nicht mehr.« Damit drückte sie mir die Sachen in den Arm und wandte sich ab, um wieder im Haus zu verschwinden. Dora blockierte den Eingang.

»Aber, aber, Mädchen, nicht so unfreundlich. Ich möchte, dass du Emmi und ihren Geschwistern den Ort zeigst. Heute Nachmittag bekommt ihr dann bei mir Kuchen. Also?«

Immerhin machten wir nun beide ein wahrscheinlich ähnlich betroffenes Gesicht.

Doras Haltung ließ allerdings keinen Zweifel zu, dass dies kein Vorschlag war, sondern eine Anweisung.

»In zwanzig Minuten am Pier«, zischte Neva. »Seid pünktlich.«

Damit drückte sie sich an Dora vorbei.

Ante grinste, nickte Dora zu und sagte: »Ich zeig ihr den Weg.« Dann nahm er meine Hand und zog mich hinter sich her, zurück zu unserem Ferienhaus.

Ich presste die Plastiktüte gegen meine Brust und folgte ihm.

Neva wird dich mögen, jaja. Klar. Sah ganz so aus.

Die perfekte Feindin

Hummel und Lany freuten sich sehr, als sie von dem Ausflug an den Pier hörten. Sie hatten die Enttäuschung über den leeren Pool noch nicht ganz überwunden. Da half die Aussicht, wenigstens ganz schnell ans Meer zu kommen.

Mama und Papa saßen auf der Hollywoodschaukel auf der Veranda. Sie sahen sehr müde, aber zufrieden aus.

»Passt aber bitte gut auf Lany auf«, bat Mama nur, als ich ihr sagte, was wir vorhatten. Als ob das nicht selbstverständlich wäre.

Sam hatte auch Lust, sich die Gegend anzuschauen. Eigentlich wäre er wohl am liebsten allein losgezogen, aber ich glaube, er war doch neugierig auf die anderen Kinder. Außerdem hat er gerne Publikum. Er braucht einfach jemanden, der über seine komischen Witze lacht. Weil Sofi auf dem Himmelhof geblieben war, musste er eben mit uns vorliebnehmen.

Der Einzige, der wirklich gar keine Motivation hatte, war Jo. Er lag auf seinem Bett, als ich den Kopf in sein Zimmer steckte.

»He, Jo, wir gehen ans Meer. Kommst du mit?«

»Mhm.« (Das hieß: »Keine Ahnung.«)

»Da sind zwei Jungs, die wohnen nebenan. Und diese Neva. Sie wollen uns alles zeigen.«

»Hm!« (Das hieß: »Was? So ein Haufen Leute? Nö, das ist mir zu viel. Warum müssen wir denn was mit denen machen? Wir können doch auch alleine gehen!«)

Ich war ganz seiner Meinung, konnte es ja aber nicht ändern. Dora wirkte wirklich ziemlich einschüchternd auf mich. Und Neva wollte ich nicht umsonst warten lassen, allein schon, weil ich ihre Klamotten bekommen hatte. Die ich übrigens auf keinen Fall anziehen würde.

»Ach, komm schon. Ich muss dahin und Hummel und Lany haben richtig Lust. Das wird bestimmt gar nicht so schlecht. Sam kommt auch mit.«

Jo drehte sich auf die Seite, sodass er mit dem Gesicht zur Wand lag. Das altmodische weiße Bettlaken ohne Spanngummi unter ihm war schon ganz zerknittert.

»Mhm.« (Das hieß: »Ich will lieber liegen bleiben, aber wenn ihr alle geht, komme ich mit. Sonst denke ich sowieso die ganze Zeit darüber nach, was ich gerade verpasse. Aber du musst mich trotzdem noch überreden, das brauche ich.«)

Ich ging ganz ins Zimmer und zupfte an der Decke, die er sich halbherzig über den Körper gezogen hatte.

»Na los! Ich will dich dabeihaben. Außerdem gibt es hinterher Kuchen, hat Dora versprochen.«

»Kuchen?« Endlich setzte Jo sich auf. Er hat eigentlich immer Hunger und wir hatten an diesem Tag, abgesehen von der Käse-Wurst-Begrüßung, noch nicht allzu viel gegessen.

»Na gut, ich kann ja mal mitkommen.« Er stand auf und angelte seine Schuhe unter dem Bett hervor. Sein lockiges Haar stand wild in alle Richtungen ab und das T-Shirt war komplett zerknittert. So sieht Jo aber meistens aus, also sagte ich nichts dazu.

Er folgte mir mit etwas Abstand ins Wohnzimmer, wo unsere anderen Geschwister schon warteten.

»Kann's losgehen?«, fragte Sam, während Lany auf mich zuhüpfte und sich an mein Bein hängte. Ich schüttelte sie vorsichtig ab und nahm ihre Hand.

»Ja, Jo ist dabei.«

Mit einem Blick über die Schulter vergewisserte ich mich, dass mein Bruder seine Meinung nicht geändert hatte. Er stand noch im Türrahmen und machte ein miesepetriges Gesicht. Aber er würde mitkommen.

Sam nickte zufrieden. »Dann zeig uns mal den Weg.«

Wir gingen nach draußen und riefen unseren Eltern von Weitem ein »Tschüss, bis nachher!« zu. Ich glaube, Mama rief irgendwas mit »Sonnencreme« zurück, aber wir beeilten uns davonzukommen.

Es fühlte sich gut an, die Anführerin zu sein. Normalerweise halte ich mich lieber zurück und trotte hinter einer Gruppe her, während ich in meiner eigenen Welt versinke. Aber an diesem Tag war ich diejenige, die sich als Einzige auskannte. Zumindest zu diesem Zeitpunkt fühlte es sich so an, als würde ich ausnahmsweise mal eine Hauptrolle spielen.

Ich ahnte ja nicht, wie schnell sich das ändern sollte.

Mit großen Schritten hielt ich auf das Haus von Ante und Oskar zu. Meine Geschwister folgten mir, ein bunter Haufen Kinder. Zu Hause sind wir natürlich als die Himmelweit-Kinder bekannt. Auf der Insel wirkten wir wahrscheinlich eher wie die Bande der Roten Zora. Ich grinste vor mich hin. Ich als Bandenchefin – das wäre doch mal was. Die Goldene Emmi oder so. Nein, das klang zu brav. Ich brauchte einen gefährlicheren Namen, so was wie …

»Sieh an, der verpeilte Lauch und die Horde Dorfkinder.« Neva lehnte an der Mauer und musterte uns spöttisch. Ihr halblanges braunes Haar bewegte sich im Wind. Ihre Haltung war lässig und aus dem Mundwinkel ragte ein Lollistiel. Sie schob diesen von links nach rechts und sah uns herausfordernd an. Ihre braun gesprenkelten grünen Augen blitzten angriffslustig. »Hat es euch die Sprache verschlagen?«

Sam hat normalerweise für alles einen passenden Spruch parat, aber diesmal sagte er nichts. Lany versteckte sich hinter meinem Bein, ganz untypisch für sie. Was Hummel machte, weiß ich nicht, aber vermutlich starrte er Neva mit offenem Mund an. Jo reagierte auch nicht. Ich weiß jetzt, wieso. Damals dachte ich, er wäre einfach zu schlecht gelaunt, um mir beizustehen.

Weil die anderen nichts sagten, musste ich es tun. »Ich dachte, du willst am Pier auf uns warten«, gab ich patzig zurück. Die Rote Zora hätte ihr gleich eins auf die Nase gegeben nach dieser Beleidigung, aber ich war eben doch nur die Goldene Emmi.

Neva zuckte mit den Schultern. »Bin auf dem Weg dahin«, sagte sie lässig und stieß sich von der Mauer ab. »Man sieht sich.«

Damit ging sie an uns vorbei, nicht ohne uns die ganze Zeit herablassend anzuschauen. Ich fühlte mich so was von bloßgestellt.

Als sie weg war, bemerkte ich das breite Grinsen auf Sams Gesicht und eine Art Verzückung in Jos Augen. Was war das denn?

»Ja, ja, ihr werdet beste Freundinnen, ganz sicher«, witzelte Sam und knuffte mich in die Seite.

Ich funkelte ihn böse an. »Beste Feindinnen wohl eher«, erwiderte ich.

»Das ist Neva?«, hauchte Jo. Ja, er hauchte. Er sah aus, als wäre er einem Engel begegnet. Ich vermutete, dass es an seinem Schlafmangel lag.

»Sieht so aus«, brummte ich, entschlossen, sein seltsames Verhalten einfach zu ignorieren. »Los, wir suchen Ante. Er wollte uns den Weg zum Pier zeigen.«

Jo blieb stehen und sah Neva nach. »Warum folgen wir ihr nicht einfach?«

Ich warf ihm einen giftigen Blick zu. »Weil das peinlich wäre.«

Er schien zu überlegen, ob er einfach allein hinter

Neva herlaufen sollte, entschied sich aber für uns. Sein Glück, ich wäre echt sauer gewesen.

Lany nahm wieder meine Hand und Hummel schnappte sich die andere.

»Die war echt ganz schön fies«, tröstete mein kleinster Bruder mich. Er verstand wenigstens, was hier gerade passiert war. Jo lebte ja offensichtlich momentan in einem Paralleluniversum. Hummel fügte noch hinzu: »Hoffentlich sind die Jungs netter.«

Mit dieser gemeinsamen Hoffnung betraten wir den Hof des Nachbarhauses.

Auf dem Sonnenstuhl saß diesmal nur eine schwarze Katze. Ansonsten war niemand zu sehen. Dafür drang unverständliches Stimmengewirr aus dem offenen Fenster. Die weiße Gardine wehte heraus zusammen mit dem Duft nach Kuchen. Dora würde also ihr Versprechen halten. Irgendwie stimmte mich das ein bisschen fröhlicher.

»Sie sind da!«

Hinter der Gardine tauchte ein Gesicht auf. Ante schob den Stoff beiseite und winkte uns. »Ich komme gleich«, kündigte er strahlend an. »Muss nur noch auf Oskar warten.«

Dann verschwand er wieder. Wir standen ein wenig verloren auf dem Hof herum. Ich zumindest. Hummel und Lany hatten sich auf die Katze gestürzt, die ihr stürmisches Streicheln sogar zu genießen schien. Sie drehte sich auf den Rücken und begann zu schnurren. Jo blieb immer noch im Hintergrund. Er sah genauso zerzaust aus wie vorhin, aber er wirkte munterer. Neben ihm stand Sam, der das Haus neugierig betrachtete.

»Würdet ihr gern hier wohnen?«, fragte er. Mit der Hand verscheuchte er eine Fliege, die seinen Kopf umschwirrte.

Ich versuchte, mir das vorzustellen. Eigentlich war es gar nicht so anders als bei uns. Die Häuser standen zwar viel enger beieinander und alles war irgendwie kleiner, aber es war genauso ruhig wie in unserem Dorf. Vielleicht gab es weniger Autos und bisher hatte ich auf der Insel noch keine Stadt gesehen. Ob es in diesem kleinen Örtchen hier eine Schule gab? Auch einen Supermarkt hatte ich noch nirgends entdeckt. Von da, wo wir standen, sah ich auch nur einen steinigen Hügel hinter dem Haus. Obendrauf war er ein bisschen bewaldet.

»Weiß nicht. Du?«, fragte ich zurück.

Sam schüttelte den Kopf. »Ich frag mich, ob man was anderes werden kann als Bauer oder Gastwirt, wenn man hier lebt«, murmelte er. »Das wäre mir zu langweilig.«

Ich konnte nicht viel weiter darüber nachdenken, denn nun kamen die beiden Jungen aus dem Haus. Ante hüpfte über die Stufe am Eingang und ging direkt auf Hummel zu. Der schaffte es tatsächlich, seine Aufmerksamkeit von der Katze loszureißen, und lächelte Ante an. Ich wusste sofort, dass die beiden sich gut verstehen würden.

Hummel, mit seinen schönen blauen Augen und den kurzen blonden Haaren, sah aus wie der Gegenteil-Zwilling von Ante. Beide waren ungefähr gleich groß und trugen zufällig sogar ein T-Shirt in ungefähr derselben grünen Farbe. Dazu steckte Ante immer noch in den roten Shorts von vorhin, während Hummel eine abgeschnittene Jeans anhatte.

»Hi, ich bin Ante«, begrüßte er meinen jüngsten Bruder. Der schaute Ante fröhlich ins Gesicht und erwiderte: »Hummel – also, Elias, aber: Ich bin Hummel.«

Ante hatte anscheinend sowieso nicht vor, sich irgendwelche Namen zu merken. Er grinste freundlich zurück und schüttelte dann Lany die Hand, hüpfte weiter zu Sam, der ihm fünf gab, und begrüßte schließlich noch Jo. Dann klatschte er in die Hände. »So, jetzt können wir gehen.«

Ich drehte mich zu ihm um, machte aber erschrocken einen Satz nach hinten, denn jetzt brüllte der zierliche Junge auf einmal laut: »OSKAR! Komm endlich!«

Ich sah, wie Jo die Augenbrauen in die Höhe zog. Sam grinste amüsiert und Lany zuckte zusammen. Wenn dieser Junge mal keine Führungsqualitäten hatte! Die Goldene Emmi überließ ihm augenblicklich die Leitung der Gruppe.

Alle sahen hin, als Oskar aus der Tür trat. Er sah ungefähr so motiviert aus wie Jo vorhin in seinem Bett. *Fehlt nur noch jemand, der Sams Zwilling ist*, dachte ich. Dann fiel mir ein, dass ich dann zu Neva passen musste, und das gefiel mir überhaupt nicht. Ich war ja wohl viel freundlicher, oder …?

Zum Glück machte Oskar keine Begrüßungsrunde, sondern trottete uns einfach allen hinterher. Ante hatte sich nämlich in Bewegung gesetzt und lief jetzt, in ziemlich zackigem Tempo, hinaus auf die Straße.

»Zum Pier geht's hier entlang«, rief er und winkte mit der Hand.

Jo blieb stehen und schüttelte den Kopf. Neva war in die entgegengesetzte Richtung gegangen.

Ante, der schon wieder einige Meter weiter war, bemerkte Jos Zögern nicht. Ich überholte ihn auch und murmelte nur: »Ante wird es schon wissen.« Trotzdem ging ich ein bisschen langsamer, schon weil ich hören wollte, was Oskar zu Jo sagte.

Seine Stimme war relativ hoch und klang genervt: »Was denn? Warum bleibst du stehen?«

»Weil der in die falsche Richtung geht«, behauptete Jo, als wäre er derjenige, der sich auskannte.

»Boah, woher willst du das denn wissen?«, meckerte Jos Doppelgänger.

»Neva ist hier langgegangen.«

Jetzt rollte Oskar mir den Augen. Er stupste Jo an (das darf man niemals tun!) und blaffte: »Die läuft immer Umwege. Geh weiter.«

So was hasst Jo. Ehrlich. Ich verstehe ihn ein bisschen, weil ich es auch nicht leiden kann, geschubst zu werden. Aber Jo übertreibt manchmal. Deshalb stupste er zurück, aber richtig heftig. Oskar wäre beinahe hingefallen. Er fing sich gerade so ab und ging wieder auf Jo los. »He, du spinnst wohl!«

Die beiden fingen an zu kämpfen, als wäre sonst was passiert. Zum Glück ging Sam dazwischen, bevor es richtig eskalierte.

»Mensch, Jo, jetzt komm mal runter«, sagte er

und ich bewunderte ihn für seine Ruhe. »Ante wird schon wissen, wo wir hinmüssen. Und Oskar hat es nicht böse gemeint.«

»Doch, hat er«, behauptete Jo und Oskars Blick schien das sogar zu bestätigen.

Trotzdem ließen die Jungs voneinander ab und folgten Ante, Hummel und Lany, die inzwischen schon ein ganzes Stück Vorsprung hatten. Es ging die Straße hinunter, die immer steiler wurde. Auf der linken Seite standen nur einzelne Häuser, dazwischen konnte ich kleine Felder mit rotbrauner Erde sehen. Sie waren von Mäuerchen aus groben Feldsteinen umrahmt. Auch zwischen den Pflanzen – ich denke, es waren Kartoffeln – lagen jede Menge Steine. Büsche und Bäume standen zwischen den Anlagen. Sie trugen saftig grüne Blätter und an manchen Zweigen erkannte ich kleine Fruchtansätze. Im Hintergrund stieg das Gelände zu einem Hügel an. Zur rechten Seite war der Blick durch weitere Häuser versperrt, die hier enger beieinanderstanden. Weil dazwischen überall Mauern und dichte Hecken waren, konnte ich nicht erkennen, was dahinterlag.

Endlich bog Ante ab. Er flitzte in eine kleine Gasse und ich hörte Hummel jauchzen. Sie mussten das Meer sehen. Schnell lief ich an Oskar und Jo vorbei, die immer noch langsam trotteten, nun aber jeder auf seiner eigenen Straßenseite. Ich rannte die Straße hinunter, in die Gasse hinein – und blieb abrupt stehen. Mir blieb vor Überraschung die Luft weg. Da, höchstens hundert Meter vor mir, glitzerte das große blaue Meer. Wir waren die ganze Zeit so nah dran gewesen! Hell funkelte die Sonne auf der weiten Wasserfläche, die am Ufer türkis und weiter draußen dunkelblau glänzte. Nur kleine Wellen kräuselten sich darauf. Es sah aus, als wollten sie spielen. Über all dem Blau spannte sich der Himmel, als gäbe es einen Wettbewerb, wer den schönsten Farbton zu bieten hätte.

Langsam ging ich weiter und nahm den Anblick ganz tief in mich auf. Alles war so schön und friedlich wie auf einer Postkarte. Dann drangen die quietschigen Stimmen meiner Geschwister an mein Ohr. Lany und Hummel hatten die Schuhe ausgezogen und planschten mit den Füßen im Wasser. Es schien dank dem steinigen Untergrund und der Kälte aber nicht ganz so angenehm zu sein, denn sie hampelten ziemlich unbeholfen herum. Ante stand am Ufer und lachte. Sam besah sich die Boote, die etwas weiter rechts an einer Mauer festgemacht waren. Es waren Holzkähne, weiß und rot lackiert, die sanft auf den Wellen schaukelten. Am Ende der Mauer ragte ein Holzsteg ein ganzes Stück weit auf das Meer hinaus. Ganz vorn, dort, wo das Meer schon tiefblau wirkte, saß ein Mädchen.

Neva erwartete uns.

Nevas Boot

»Immerhin, ihr seid pünktlich.«

Nevas Stimme klang, als wäre sie die Herrscherin der Insel. Mir ging ihre hochmütige Art langsam auf die Nerven. Zu diesem Zeitpunkt redete ich mir noch ein, dass sie bestimmt einfach sauer war, weil Dora sie zwang, uns die Gegend zu zeigen. Dabei hätten wir von uns aus nie darum gebeten, aber das konnte sie ja nicht wissen.

Wir waren alle zusammen auf den Bootssteg gegangen und zu ihr nach vorn gelaufen. Ich hielt Lany fest an der Hand, weil sie noch nicht richtig schwimmen kann. Das Wasser war zwar sehr klar, aber je weiter wir nach vorn gingen, desto tiefer sah es aus. Ich wollte nicht riskieren, darin nach ihr tauchen zu müssen.

Neva saß immer noch vorn an der Kante und ließ die Füße über der Wasseroberfläche baumeln. Wir standen hinter ihr, als wären wir ihr Gefolge.

»Was zeigen wir ihnen als Erstes?«, fragte Ante

fröhlich. Er trat ungeduldig von einem Bein auf das andere, als könnte er keine Sekunde still stehen.

Neva nahm etwas aus ihrer Umhängetasche und warf es ins Meer. Das machte sie dreimal, statt zu antworten.

Im Wasser unter ihr begann es zu wimmeln.

Jo kniete sich neben sie und rief begeistert: »Cool, Fische! Guckt mal, wie groß die sind!«

»Pass bloß auf, dass du nicht reinfällst«, kommentierte Neva grinsend. Sie schaute Jo auf eine ganz andere Art an als mich vorhin. Irgendwie so, als würde sie ihn gern in ihre Bande aufnehmen. Sie hatte bestimmt eine Bande, davon war ich überzeugt. Mädchen wie Neva sind einfach die geborenen Anführerinnen. Wie sehr ich mit dieser Vermutung danebenlag, stellte ich erst später fest.

Außer Oskar und mir beugten sich jetzt alle über das Wasser, um das Brodeln zu sehen. Ich konnte nicht viel erkennen. Mir war nur wichtig, dass Lany nicht abrutschte.

Als hätte Neva meine Angst gespürt, sprach sie meine Schwester direkt an. »Hier, willst du sie auch mal füttern?«

Sie drückte ihr ein paar Brotstückchen in die Hand und Lany riss sich von mir los.

»Vorsichtig!«, zischte ich und hielt sie am Kragen ihres T-Shirts fest.

»Alles gut«, beruhigte mich Sam. Er legte mir die Hand auf den Arm. »Ihr passiert schon nichts.«

Ich versuchte, für Sicherheit zu sorgen, ohne wie ein Angsthase zu klingen (obwohl ich in diesem Moment vielleicht wirklich einer war). Deshalb schlug ich vor: »Können wir nicht ans Ufer gehen?«

»Aber die Fische sind toll!«, protestierte Lany.

Jo stimmte ihr zu: »Finde ich auch. Ob ich einen schnappen kann?« Er legte sich flach auf den Bauch und streckte die Hand aus. Der Steg war viel zu hoch, um aus dieser Position das Wasser zu erreichen. Jo rutschte weiter nach vorn. So konnte er die Wasseroberfläche gerade so erreichen. Lany warf ein Brotstück und die Fische wirbelten herum.

Hummel, Sam und Ante feuerten Jo an: »Los, schnapp zu!«

Und Jo schnappte zu. Er war so entschlossen, dass er noch weiter nach vorn rutschte. Sein Oberkörper hing gefährlich weit über die Kante.

»Du wirst noch abrutschen«, meckerte ich, was Jo nicht einmal mitbekam.

»Spaßverderberin!«, lachte Neva. Sie warf mir einen Blick über die Schulter zu. Ihre Augen glänzten fröhlich und das braune Haar flatterte im Wind. Die schlechte Laune schien verschwunden zu sein.

Jo hatte natürlich immer noch keinen Fisch geschnappt. Lany fütterte die wirbelnden Wesen weiter. Ich machte einen Schritt zurück und verschränkte die Arme vor der Brust. Alle außer mir verfolgten gebannt die Fischerversuche meines kleinen Bruders. Ich wollte einfach nur von diesem Steg herunter, bevor irgendwer in das kalte Wasser plumpsen konnte.

»Ja!«, brüllte Hummel und hüpfte auf und ab. »Den hättest du beinahe gehabt!«

Oskar brummelte: »Quatsch, das klappt doch nie.« Trotzdem sah auch er gespannt zu.

Jo rutschte noch ein Stück nach vorn. »Wirf weiter hier rüber!«, forderte er.

Lany holte aus. Sie strengte sich so an, dass sie ein bisschen hüpfte. Und dabei stolperte. Neva fasste blitzschnell zu. Sie bekam Lany am Shirt zu fassen, sodass sie nicht vom Steg fiel.

Jo dagegen erschrak auch. Weil er sowieso schon viel zu weit vorn hing, verlor er das Gleichgewicht und rutschte nach unten. Sam, Ante und Oskar stürzten sich auf seine Beine, aber es war zu spät. Mit einem lauten Klatschen landete Jo im Meer, dicht gefolgt von Ante. Ich hörte mich selbst quieken, während Neva übermütig jubelte.

»Haha, das war so klar!«, jauchzte sie und klatschte in die Hände.

Ich war unglaublich wütend auf sie.

Unter dem Steg tauchten die Jungen prustend auf.

»Das ist eiskalt!«, keuchte Jo, wild mit den Armen rudernd. »Wie kommen wir wieder raus?«

Erschrocken sahen wir uns um. Es gab keine Leiter und der Steg war zu hoch, als dass die Jungen sich hätten nach oben stützen können.

Jos Gesicht war hochrot und er japste: »Hilfe!«

Genau in dem Moment schwappte auch noch eine etwas größere Welle über seinen Kopf, weil weiter draußen ein Motorboot vorüberzog. Jo zappelte und prustete. In seinen Augen sah ich Panik.

Hummel kniete am Rand des Stegs und rief entsetzt: »Seine Klamotten ziehen ihn runter!«

Aber Ante, der dicht neben Jo im Wasser war, riet ihm gelassen: »Bleib ruhig und schwimm zum Ufer. Es ist nicht weit.« Er spuckte Wasser aus und nahm Kurs auf den Strand, als würde er jeden Tag hier schwimmen. Was er im Sommer vermutlich auch tat, aber dann war das Wasser warm.

Zum Glück ist Jo eigentlich ein guter Schwimmer.

Nachdem er sich von seinem ersten Schreck erholt hatte, zog auch er in Richtung Ufer ab. Wir anderen liefen oben auf dem Steg nebenher – Lany an Nevas Hand, was mir einen echten Stich ins Herz gab.

Am Strand angekommen, stieg Jo lachend aus dem Wasser. Die Panik war vorbei und er schien stolz auf sich zu sein. Er schüttelte seinen braunen Lockenkopf und strahlte. »Jetzt bin ich wenigstens richtig wach!« Dabei wischte er sich mit den Händen das Wasser aus dem Gesicht.

Ich sah Nevas Blick und wusste, dass ich verloren hatte.

Sie war entschlossen, mich zu hassen und die anderen zu mögen. Das spürte ich einfach.

Es machte, dass ich mich hilflos fühlte. Immer noch ein bisschen wütend, aber vor allem hilflos. Das ist bei mir immer so, wenn jemand mir einfach von Anfang an keine Chance gibt.

Jedenfalls standen die tropfnassen Jungen schließlich wieder auf festem Boden. Sam, Neva und Hummel feierten sie. Sie klopften ihnen auf die Schulter und erzählten sich gegenseitig, wie cool und lustig es ausgesehen hatte, als erst Jo und dann Ante ins Wasser geklatscht waren. Lany hüpfte um die Gruppe herum. Oskar saß ein wenig abseits auf einem Stein und ich stand mit vor der Brust verschränkten Armen auf dem ersten Brett des Holzstegs. Mir war kalt, denn der Wind, der vom Meer her wehte, war frisch. Ich dachte, dass wir sofort zurückgehen würden, damit die Jungen sich trockene Sachen anziehen konnten. Aber Neva hatte natürlich andere Pläne.

»Kommt mit!«, rief sie und winkte unserem kleinen Grüppchen, ihr zu folgen. Natürlich trottete ich hinterher, genauso wie Oskar. Der schien so was wie Antes Schatten zu sein. Er machte alles mit, was der Kleinere tat, blieb dabei aber völlig unbeteiligt. Ich fragte mich, weshalb er überhaupt mitgekommen war. Bestimmt hatte Dora ihn gezwungen.

Neva lief am Strand entlang, während wir versuchten, mit ihr Schritt zu halten. Es war ein bisschen anstrengend, denn der Strand bestand aus großen, runden Kieselsteinen, die unter meinen Füßen wegrutschten.

Endlich bog sie ab. Es ging auf einem Trampelpfad einen kleinen Hügel hinauf. Die Häuser der Siedlung blieben hinter uns zurück. Dichtes Gebüsch säumte den Weg rechts und links, sodass ich das Meer wieder aus dem Blick verlor. Trotz des kühlen Wetters begann ich zu schwitzen, weil Neva ein solches Tempo vorlegte. Es schien ihr gar nichts auszumachen. Sam hatte Lany huckepack genommen, Ante und Jo liefen dicht hinter ihm. Ich wunderte mich, dass Jo so gut durchhielt. Und das trotz seiner durchnässten Klamotten. Normalerweise keuchte er wegen seines Asthmas schon nach ein paar Schritten.

Die Rolle des Nachzüglers übernahm Oskar. Er war noch langsamer als ich. Ich schaute ab und zu über meine Schulter, um zu sehen, ob er noch mitkam. Der arme Kerl rang nach Luft, winkte mir aber zu, als solle ich mir um ihn keine Gedanken machen. Vermutlich kannte er den Weg.

Ich konzentrierte mich wieder darauf, die anderen nicht aus dem Blick zu verlieren. Wir hasteten an Olivenbäumen und steinigen Wiesen vorbei, auf denen Schafe weideten. Schließlich ging es wieder bergab. Nun tauchte das Meer vor uns auf. Neva hatte uns in eine Bucht geführt, in der einige Boote auf dem Wasser schaukelten. Sie war umgeben von Wiesen und einem breiten Streifen steinigem Strand. Auch an diesem Ufer gab es einen Holzsteg, der allerdings viel kleiner war als der im Ort.

Atemlos kam ich bei den anderen an. Sie standen neben einem weiß gestrichenen Holzschuppen, in dem Neva verschwunden war. An der Wand hing ein Rettungsring und auf den Steinen neben dem Häuschen lag ein umgedrehtes Ruderboot.

»Was machen wir hier?«, wollte ich wissen, als ich wieder zu Atem gekommen war.

Sam strich mit der Hand über den Kiel des Ruderbootes und antwortete: »Neva holt irgendwas, um die Jungs aufzuwärmen.«

Ich hob die Augenbrauen. Es wäre viel einfacher gewesen, zum Ferienhaus zurückzugehen. Aber gut, Neva hatte hier das Sagen. Logik spielte keine Rolle. Ich beschloss, sie einfach machen zu lassen. Es hatte keinen Sinn, sich aufzuregen. Wir würden sowieso nur ein paar Tage auf dieser komischen Insel verbringen und dann konnte ich wieder nach Hause fahren. Zu meinen Sachen. Zu meinen Hühnern. Und zu Luca. Ich bekam auf einmal schreckliches Heimweh, das so gar nicht zu dem strahlend blauen Himmel und dem türkisfarbenen Meer passen wollte.

Während ich versuchte, das traurige Gefühl zu verdrängen, kam Neva wieder aus dem Schuppen. Über dem Arm trug sie zwei graugrüne Wolldecken, die sie Ante und Jo reichte.

»Hier«, sagte sie und half Jo, sich das Ding um die

Schultern zu wickeln. »Die benutze ich manchmal, wenn ich mit meinem Vater nachts zum Fischen fahre.«

»Nachts?«, staunte Lany und machte große Augen.

Neva schien das zu gefallen. »Ja, nachts«, wiederholte sie und hockte sich hin, um mit Lany auf Augenhöhe zu sein.

Sie legte meiner kleinen Schwester den Arm um die Schultern und drehte sie sanft, sodass sie beide auf das Meer blickten.

»Siehst du das grüne Segelboot dort?«, fragte sie freundlich und zeigte auf eines der drei Boote, die in der Bucht lagen. »Das gehört mir. Ich fahre ganz oft damit raus. Das Meer ist mein allerliebster Lieblingsort.« Ihre Stimme klang so glücklich, dass ich Gänsehaut bekam. Wow, sie sprach so verliebt von ihrem Meer, wie ich von meinem Kletterbaum sprechen würde. Ich konnte sie so gut verstehen. Es gibt einfach Orte, an denen man wirklich zu Hause ist.

Einen kurzen Moment lang herrschte so etwas wie eine tiefe Harmonie zwischen uns allen. Die Jungen hatten sich in den Kies gesetzt. Ich schaute versonnen auf das Meer und die Boote. Nevas war dunkelgrün mit einem Mast, an dem ein eingerolltes orangebraunes Segel befestigt war. Es war an einer Boje festgemacht. An der Seite hingen rechts und links zwei Fender und dazwischen prangte ein weißer Schriftzug mit dem Namen des Bootes: *Lucia*.

»Du darfst allein aufs Meer rausfahren?«, fragte ich mit einer Mischung aus Ehrfurcht und Unglauben.

Neva drehte sich zu mir um und zuckte mit den Schultern. »Natürlich! Das macht jedes Kind hier.«

Mir entging zwar nicht der erstaunte Blick, den Ante und Oskar wechselten, aber in diesem Moment war ich einfach nur beeindruckt. Neva schien ein echtes Inselmädchen zu sein. Ich traute ihr alles zu.

Da stand sie auch schon wieder auf und machte einen kleinen Hüpfer. Sie schien so voller Energie! Ich bin ja eher der gemütliche Typ und kann schon mal stundenlang tagträumend auf einem Baum sitzen. Sie dagegen brauchte scheinbar alle paar Minuten ein neues Abenteuer.

»Los, jetzt zeige ich euch die coolste Sache an diesem Ufer!« Mit schnellen Schritten führte sie uns weiter den Kiesstrand entlang. Sam, Hummel, Jo und Ante klebten ihr wieder dicht an den Fersen.

Ich ging etwas langsamer, weil Lany spürbar müde wurde und sich an meine Hand hängte. Es machte mich froh, dass sie wieder bei mir blieb. Oskar schlenderte wie schon vorhin als Letzter hinter uns her. Ihn schien einfach gar nichts an diesem Ausflug zu interessieren.

Wir umrundeten eine Art Landzunge. Links von uns spielte das Wasser mit den runden Steinen am Ufer, rechts ragte der Hügel immer steiler auf. Er hatte an dieser Stelle eine Bruchkante, als hätte das Meer daran genagt. Wind pfiff mir um die Ohren und am Himmel zog immer mal wieder eine Möwe vorbei. Die Sonne schien ziemlich warm, aber durch den Wind fröstelte ich trotzdem. Bestimmt würde Jo sich erkälten. Er trug immer noch die Decke um die Schultern, aber ich konnte mir nicht vorstellen, dass das gegen die Kälte der nassen Klamotten half. Ihn selbst schien es aber nicht zu stören: Er lief dicht neben Neva und strahlte über das ganze Gesicht.

»Wo gehen wir hin?«, wollte Lany wissen. »Ich hab Hunger.«

Oh nein, das konnte anstrengend werden! Eine hungrige Fünfjährige ist keine gute Wanderbegleiterin.

Ich versuchte, sie zu vertrösten: »Neva will uns

etwas Tolles zeigen. Und danach essen wir alle zusammen Kuchen, okay?« Ein bisschen half mir das selbst, denn ich merkte langsam auch, dass mir ein richtiges Mittagessen im Bauch fehlte.

Lany machte ein leidendes Gesicht und lief noch langsamer. »Ach, komm schon«, bat ich sie ungeduldig. »Lauf ein bisschen schneller, sonst überholt Oskar uns noch.«

Das wirkte. Lany warf einen Blick nach hinten, dann rannte sie auf einmal los. Ich musste lachen und folgte ihr. Der Kiesstreifen zwischen Meer und Hügel wurde an dieser Stelle sehr schmal. Noch eine Kurve, dann öffnete sich der Blick in eine weitere Bucht. Auf der gegenüberliegenden Seite stand ein großer, runder Steinturm. Er sah sehr baufällig aus. Ich hatte ein ganz blödes Gefühl im Bauch. Dieses alte Gemäuer wirkte schon von Weitem irgendwie bedrohlich. Außerdem war es bestimmt verboten, dorthin zu gehen.

Streit am Thunfischturm

Brombeerdornen kratzten an unseren Beinen, als wir uns zu dem verfallenen Steinturm durchkämpften. Einen richtigen Weg gab es nicht – oder Neva benutzte eine Abkürzung. Um uns herum war alles still. Keine Menschenseele schien in der Nähe zu sein. Nur das Knacken der Zweige, auf die wir traten, und das entfernte Kreischen der Möwen waren zu hören.

»Hier ist es unheimlich«, flüsterte Lany mir zu.

Ich wisperte zurück: »Das finde ich auch!«

Immer näher kamen wir dem steinernen Koloss. Der Boden war uneben, wie anscheinend überall auf der Insel. An dieser Stelle wucherten jede Menge Pflanzen, die unseren Füßen Stolperfallen stellten. Zu Hause bin ich oft im Wald unterwegs. Es macht mir nichts aus, mich durch Unterholz zu bewegen. Aber hier fühlte ich mich dabei unwohl. Ich wusste nicht, ob wir etwas Verbotenes taten. Neva traute ich auch in dieser Hinsicht alles zu.

Schließlich standen wir dicht vor der runden Mauer. Ich legte den Kopf in den Nacken und sah nach oben. Riesig ragte der Turm in den blauen Frühlingshimmel. Als ich ihn mit der Hand berührte, rieselte Sand zwischen den Steinen hervor.

»Hier entlang!«, rief Neva und bog einige Zweige zur Seite.

Sam, Hummel, Ante und Jo folgten ihr, ohne zu zögern. Oskar, der dicht hinter mir stand, maulte: »Immer dieser Turm. Na los, geht weiter!«

Gut, sie waren also öfter hier. In diesem Moment beruhigte mich das etwas. Allerdings nicht für lange Zeit.

Wir gelangten an eine Tür, die einen Spaltbreit offen stand. Neva wartete, bis alle versammelt waren.

»Das hier ist das beste Versteck für jeden, der seine Ruhe haben möchte«, behauptete sie mit feierlicher Stimme. »Kein Erwachsener kommt hierher.«

»Das liegt daran, dass der Turm gesperrt ist«, murrte Oskar. »Wegen der Einsturzgefahr.« Er drückte sich trotzdem an Lany und mir vorbei und zwängte sich durch den Spalt. Es passte gerade so. Neva und Ante folgten ihm. Sam, Jo, Lany und ich standen etwas unentschlossen vor der Tür. Das Bauwerk wirkte wirklich nicht besonders vertrauenerweckend.

»Kommt ihr?«, rief Neva von drinnen.

»Na los!«, forderte Sam uns achselzuckend auf. »Was soll schon passieren?«

Eine ganze Menge!, dachte ich, sagte aber nichts.

Sam schlüpfte ins Innere und Jo tat es ihm nach.

Lany ließ meine Hand los. »Wartet auf mich!«, quengelte sie und packte Jo an einem Zipfel seines Shirts.

Ich schluckte. Letztes Jahr im Sommer waren wir in echte Schwierigkeiten geraten, als wir eine verborgene Tür im Felsen geöffnet hatten. Gut, am Ende hatten wir dabei einen wahnsinnig wertvollen Schatz entdeckt. Die Presse hatte uns als »mutige Kinder« gefeiert. Aber ich erinnerte mich auch an die Lebensgefahr, in der wir geschwebt hatten. Damals war wenigstens Lany nicht dabei gewesen! Und Mama hatte vorhin, beim Losgehen, noch einmal betont, dass wir auf sie aufpassen sollten.

Unschlüssig stand ich vor dem Turm und überlegte, was ich tun sollte. War ich eine Spaßverderberin und ein Feigling? Der »verpeilte Lauch«, als das Neva mich bezeichnet hatte? Oder würde die »Goldene Emmi« mutig in das Gemäuer treten und dafür sorgen, dass ihre Bande das Abenteuer unverletzt überstand?

Am Ende siegte die Neugier über meine Angst. Ich lugte durch den Spalt in der Tür. Drinnen war es ziemlich dunkel. Am Anfang konnte ich gar nichts erkennen. Vorsichtig schlüpfte ich in den kühlen Raum. Es roch unangenehm muffig nach feuchtem Stein. Dazu kam ein Gestank, der mir irgendwie bekannt vorkam. Sobald meine Augen sich an die Dunkelheit gewöhnt hatten, wurde mir klar, was es war: Vogelkot. So ähnlich roch es auch in unserem Hühnerstall.

»Sieh an, sie hat sich doch noch reingetraut«, höhnte Neva.

Sie stand mitten im Raum. Meine Geschwister und die beiden Jungen umgaben sie wie ein Kreis von Fans. Unglaublich, dass alle sie bewunderten, obwohl sie so giftig zu mir war. Leider schaffte sie es gleich darauf, auch mich ein weiteres Mal zu beeindrucken. Sie hatte nämlich ein Talent, von dem ich bis dahin nichts geahnt hatte: Sie war eine Geschichtenerzählerin.

Zuerst führte sie uns eine kleine Treppe hinauf. Es war nicht hoch, nur ein paar Stufen, aber nun standen wir auf einem Holzfußboden in der ersten Etage. Hier gab es mehrere Fenster in der Mauer und die Sonne leuchtete den Raum hell aus. Er wirkte richtig einladend. Beinahe so, als würde jemand darin wohnen. Zwei Matratzen lagen in der Mitte der runden Kammer. Jo ließ sich sofort auf eine davon fallen.

Sam protestierte: »Hey, du bist doch nass!«, aber Neva winkte ab.

»Lass ihn ruhig«, sagte sie und machte eine Geste mit ihrer Hand. »Ihr könnt euch alle hinsetzen.«

Ich hätte lieber aus dem Fenster geschaut, wollte sie aber nicht schon wieder zu einer gemeinen Bemerkung herausfordern. Also quetschte ich mich mit Lany, Sam und Hummel auf die andere Matratze. Neva hockte sich vor uns hin. Mir fiel wieder das Funkeln in ihren Augen auf. Sie hatte irgendwie so eine Begeisterung an sich, die gar nicht zu der Art passte, wie sie mit mir umging. Aber ich war ja auch die Einzige, die sie offenbar nicht leiden konnte. Jedenfalls fing Neva an zu erzählen.

»Dieser Turm hier war früher sehr wichtig«, behauptete sie mit ernster Stimme. »Die Menschen hatten ihn gebaut, um das Meer zu überblicken. Ihr müsst wissen, dass unsere Insel vor einigen Hundert Jahren zu einer berühmten Handelsgegend gehörte. Die Römer und Leute aus dem Orient machten Geschäfte mit wertvollen Waren: Teppichen, Schmuck, Gewürzen und Sklaven.«

»Sklaven?«, echote Hummel, der wie gebannt an ihren Lippen hing.

Neva beugte sich vor und sah ihm fest in die Augen. »Ja, Sklaven. Du musst dir vorstellen, damals waren Heere von Reitern unterwegs auf dem Festland, überall in Europa. Sie eroberten ständig irgendwo Länder und Städte. Und dann raubten sie nicht nur Gold und Edelsteine, sondern auch Menschen. Die Männer wurden als Arbeiter verkauft und die Frauen ... Die wurden damals nackt auf dem Markt zum Verkauf angeboten und landeten als Dienerinnen bei irgendwelchen reichen Männern.«

»Igitt!«, bemerkte Jo und verzog das Gesicht. »Das ist ja eklig.«

Neva zuckte lässig mit den Schultern und strich sich eine ihrer hellbraunen Haarsträhnen aus dem Gesicht. »Das war damals ganz normal.« Sie stand auf und winkte uns, ans Fenster zu kommen. »Die ganzen Waren und Sklaven wurden dann mit Schiffen in ferne Länder gebracht. Aber übers Meer kamen auch die Feinde.«

»Piraten?«, wollte Jo wissen. Ich konnte hören, wie fasziniert er war.

»Ich glaube, so hat man sie damals nicht genannt«, erklärte Neva. »Vielleicht gab es Seeräuber, die unterwegs Schiffe überfallen haben. Aber hier ging es eher um kriegerische Flotten, die die Insel angegriffen hätten. Davon wollte natürlich niemand überrascht werden.«

Ich schaute, genauso versunken wie alle anderen, hinaus auf das blaue glitzernde Meer. Wir sahen nur ein paar kleine Segelboote. Überhaupt konnte man von diesem Fenster aus nur die kleine Bucht überblicken. Kriegerische Flotten passten einfach gar nicht in dieses harmlose Bild.

»Das kann ich mir nicht vorstellen«, traute ich mich deshalb zu sagen. »Hier gibt es doch gar nichts zu holen. Auf der ganzen Insel habe ich bis jetzt nur ein paar kleine Häuser gesehen. Handel hätte doch in Städten stattgefunden, oder nicht?«

Natürlich brachte mir das nur wieder einen herablassenden Blick von Neva ein. Sie hob Lany hoch, damit sie besser aus dem Fenster schauen konnte. Dann antwortete sie: »Natürlich spielte sich das in den Städten ab. Es gibt auch noch welche auf der Insel. Hast du dich denn gar nicht darüber informiert, bevor du gekommen bist?«

»Nö«, giftete ich zurück. »Ich wollte ja auch gar nicht auf diese blöde Insel kommen.«

Jo drehte sich zu mir um und knuffte mich in die Seite.

»He!«, machte ich und boxte zurück. »Ist doch wahr!«

Neva grinste mich spöttisch an. »Du kannst ja wieder nach Hause fahren.«

»Mache ich auch, in fünf Tagen.«

»Von mir aus kannst du auch gleich gehen.«

Ich schluckte. Am liebsten wäre ich wirklich gegangen, und zwar türenknallend. Aber dann hätte sie gewonnen. Also atmete ich tief durch und entgegnete scharf: »Das hättest du wohl gern.«

Neva stieß ein kleines Schnauben aus und wandte sich wieder meinen Geschwistern zu.

»Meine Geschichte ist noch nicht zu Ende«, fuhr sie fort, als wäre nichts gewesen.

Ich versuchte, gleichgültig zu wirken, hörte aber trotzdem neugierig zu.

»Diese Bucht hier gab es damals noch gar nicht. An dieser Stelle und noch ein ganzes Stück ins Meer hinaus gab es eine große, blühende Stadt.«

Als ob, wollte ich erwidern. Bestimmt dachte sie sich jetzt schnell etwas aus, um klüger dazustehen als ich. Aber ihre Geschichte wurde leider immer interessanter.

»Diese Stadt lebte vom Handel, wie ich schon gesagt habe. Überall gab es Häuser, dicht an dicht, und gepflasterte Straßen. Es roch nach frischem Brot und süßem Obst. Menschen in bunten, reichen Gewändern drängten sich an den Verkaufsständen. Schafe blökten, Menschenstimmen erfüllten die Gassen und dazwischen klingelten die kleinen silbernen Glöckchen von Windspielen in den Hauseingängen. Könnt ihr es sehen?«

Wir sahen wirklich alle nach draußen und nickten, als läge da die Stadt vor unseren Augen ausgebreitet.

»In dieser Stadt wohnten zwei Schwestern.« Neva kletterte in den breiten Fensterrahmen und lehnte sich mit dem Rücken gegen die sonnenwarmen Steine. Wir anderen ließen uns auf dem Fußboden nieder. Jo schmachtete Neva von unten herauf an. Selbst Sam schien es kaum erwarten zu können, dass das Inselmädchen weitersprach.

»Sie hießen Bona und Mala.«

Vor meinem inneren Auge sah ich zwei junge Frauen die Straße hinunterschlendern. Sie trugen bunte Röcke und silbernen Schmuck. Über ihre langen schwarzen Haare hatten sie dünne Tücher gebunden. Sie lachten und sahen sich die Auslagen der Verkaufsstände an.

»Bona war ein bescheidenes, freundliches Mädchen«, hörte ich Neva sagen. »Sie war bei allen beliebt und half jedem, der sie brauchte.«

Lany kletterte auf meinen Schoß und kuschelte sich an mich.

»Die andere hieß Mala. Sie war ganz anders. Nach außen hin wirkte sie genauso freundlich wie Bona. Aber in Wirklichkeit war sie böse.«

Lany schmiegte sich noch ein wenig enger an mich, denn Nevas Stimme war plötzlich eisig kalt.

»Die Menschen in der Stadt lebten in Saus und Braus und machten sich überhaupt keine Gedanken um andere. Sie feierten wilde Partys und ließen es sich Tag und Nacht gut gehen. Mala war immer mit dabei.«

»Klingt super«, merkte Sam mit einem Augenzwinkern an. Aber Ante zischte empört: »Lass sie weiterreden!«

Neva senkte die Stimme und ließ sie geheimnisvoll klingen. Das war der Punkt, an dem ich mir eingestehen musste, dass sie wirklich außergewöhnlich gut erzählen konnte.

»Bona dagegen machte sich so ihre Gedanken. Sie fand, dass man auch an andere Menschen denken müsste. Sie sah nämlich, dass die reichen Menschen trotzdem gierig waren. Sie stritten sich um die besten Früchte, den schönsten Schmuck und die stärksten Sklaven. Sie betrogen sogar die Fremden, die in ihre Stadt kamen. Eigentlich waren sie ganz schön gemein und undankbar.«

Ich fühlte ein Kribbeln in mir. Gleich würde etwas passieren, das war ja ganz klar. So ist das immer bei guten Geschichten. Ich legte meine Wange an Lanys weiches Haar und lauschte meiner besten Feindin gespannt.

»Eines Nachts war Bona allein am Hafen der Stadt. Da stand plötzlich ein Mann vor ihr, den sie noch nie gesehen hatte. Er war anders gekleidet als die Menschen der Stadt und Bona fühlte, dass er ein wichtiger Botschafter sein musste.«

»War das ein Engel?«, quietschte Hummel.

Im Kindergottesdienst hört er immer Geschichten aus der Bibel. Wichtige Botschafter sind dort ganz oft Engel.

Neva nickte. »Ja, das kann schon sein. Er hatte natürlich keine Flügel oder so. Aber er war bestimmt ein Engel. Er sagte nämlich zu Bona: »Bona! Du bist ein guter Mensch. Der einzige gute Mensch in dieser ganzen Stadt. Deshalb verrate ich dir, was passieren wird. Morgen Abend, wenn die Sonne untergegangen ist, wird eure ganze Stadt, mit allem, was darin ist, im Meer versinken.«

»Was?!« Hummel schnappte nach Luft. »Das ist ja wie bei der Geschichte von Atlantis!«

»Ja, stimmt«, gab Neva zu. »Aber so war es.«

»Mich erinnert es eher an Sodom und Gomorra«, murmelte ich. Sofort ärgerte ich mich, es ausgesprochen zu haben, denn Neva entgegnete schnippisch: »Was soll das denn sein? Klingt wie eine Krankheit.«

Sam sah uns beide an und grinste schief. »Keine Krankheit. Eine Geschichte aus der Bibel«, stellte er klar.

Ich konnte nicht fassen, dass Neva das nicht wusste. Es gehört doch zum Grundwissen aus der Kinderstunde!

»Zu Abraham kamen auch mal drei Engel«, erklärte ich deshalb fast so schnippisch wie sie. »Die sagten ihm ungefähr das Gleiche: dass die ganze Region voller böser Menschen ist, die nicht mehr auf Gott hören. Deshalb wollte er die Städte Sodom und Gomorra zerstören. Abraham hat noch mit ihm verhandelt, dass er die Städte in Ruhe lassen soll, wenn er auch nur zehn Menschen darin findet, die gut sind.«

Neva hörte mit gerunzelter Stirn zu. »Ich hab keine Ahnung, wer dieser Abraham ist, von dem du redest«, zischte sie unfreundlich. »Aber wenn du meine Geschichte nicht zu Ende hören willst, dann geh doch weg, statt mich zu unterbrechen.«

»*Ich* hab das doch gemacht«, mischte Hummel sich ein. Er guckte Neva mit seinen großen Kinderaugen versöhnlich an. »Außerdem ist die Geschichte von Emmi auch richtig cool. Gott bestraft die bösen Menschen, indem Feuer vom Himmel regnet! Und die guten werden gerettet. Und die eine Frau erstarrt zur Salzsäure!« Es war jetzt richtig begeistert.

Neva rollte mit den Augen.

»Zur Salz*säule*«, verbesserte ich Hummel. »Aber okay, Neva, erzähl mal weiter. Ich fand es einfach interessant, dass es in beiden Geschichten um die Strafe für so ein gemeines Verhalten geht.«

Ich wollte selber wissen, wie Nevas Geschichte ausging.

Zum Glück ließ sie sich nicht lange bitten und nahm den Faden wieder auf. Sie erzählte alles, als wäre sie selbst dabei gewesen. Obwohl ich wusste, dass es höchstens eine Sage war, fühlte es sich für mich richtig echt an.

»Bona glaubte dem fremden Mann diese Warnung. Sie erzählte all ihren Verwandten und Bekannten davon, sogar dem Bürgermeister. ›Ihr müsst euch retten!‹, flehte sie sie an. Aber die Menschen lachten sie nur aus. Bona war verzweifelt. Als es Abend wurde, gingen alle wie gewohnt feiern oder legten sich in Ruhe schlafen. Nur Bona zitterte, als sie sah, wie die Sonne immer tiefer ins Meer sank. Schließlich nahm sie einen Korb mit ein paar Lebensmitteln und einigen wenigen Dingen, die ihr wichtig waren. Sie verließ ihre Wohnung und ging aus der Stadt hinaus in die Berge.«

Die Sonne schien hell durch das Fenster des Turms, aber auf dem Holzboden sah ich Nevas Schatten. Ich stellte mir vor, wie er länger und länger wurde, weil die Sonne im Meer versank und Bona eilig in die Berge hinaufstieg.

»Schließlich wurde es dunkel. Bona setzte sich weit abseits der Stadt, schon hoch oben auf dem Berg, auf einen Stein und sah auf ihre Heimat hinunter. Da zogen dunkle Wolken auf. Ein Sturm peitschte das Meer und die Erde begann zu beben. Bona legte sich flach auf den Boden und klammerte sich an ihrem Korb fest. Unten in der Stadt wackelten die Häuser. Die Türme fielen um und die Dächer stürzten ein. Das Meer brodelte und schien zu kochen. Es überflutete die ganze Stadt. Alles versank in dem wilden Wasser.«

Meine Geschwister, Ante, Oskar und ich saßen mit großen Augen da. Was für eine schreckliche Vorstellung!

»Als die Sonne am nächsten Morgen aufging, breitete sich, so weit Bona blicken konnte, das Meer aus. Dort, wo die Stadt gewesen war, lag nun eine weite Bucht. Nur ein einziger steinerner Turm war stehen geblieben.«

»Dieser Turm hier«, murmelte Jo ehrfurchtsvoll.

Wir rappelten uns alle auf und traten wieder ans Fenster. Wie friedlich die Bucht aussah! Das Meer wirkte wie ein blauer Teppich. Niemals konnte es gefährlich werden. Oder etwa doch?

Ich warf Neva einen kritischen Blick zu. Ein verschmitztes Lächeln lag auf ihren Lippen. Vielleicht hatte sie sich das alles wirklich nur ausgedacht.

»Nette Geschichte«, merkte Sam an und zerstörte damit die ganze romantische Stimmung. »Ist das eine Legende?«

Lachend sprang Neva vom Fenstersims. Ihre hellgrünen Turnschuhe, deren Sohlen sich vorn schon lösten, klatschten dabei laut auf dem Holzboden auf. »Natürlich ist es nur eine Legende«, gab sie zu. »Aber ich denke, dass da sehr viel dran ist.« Sie klopfte sich den Sand vom Hosenboden. »Hier gab es wirklich früher Siedlungen, von denen nicht mehr viel übrig ist. Man hat sogar Reste von Straßen im Meer um die Inseln herum entdeckt. Also ist es durchaus möglich, dass die Sage zumindest teilweise wahr ist.«

Beeindruckt schürzte ich die Lippen. Eine versunkene Stadt hier in dieser Bucht? Das klang schon ziemlich interessant.

»Das mit dem Turm glaube ich aber nicht«, fügte Neva nüchtern hinzu. »Er ist gar nicht so furchtbar alt. Er wurde auch nicht als Aussichtsturm gegen feindliche Schiffe benutzt, sondern für etwas ganz anderes.«

»Wofür denn?«, wollte Lany wissen. Sie fasste wieder nach Nevas Hand.

Neva nahm sie und ging auf eine weitere Treppe zu. »Die Fischer haben damit die Bucht überwacht. Einerseits, um einen Überblick über die Boote draußen zu haben. Andererseits, um die Thunfischschwärme im Blick zu haben. Kommt, ich zeige euch die Aussicht von oben. Dann erkläre ich euch das mit den Thunfischen.«

Jetzt wurde es mir doch wieder zu gefährlich. »Auf keinen Fall!«, protestierte ich. »Oskar hat gesagt, dass der Turm gesperrt ist. Ich lasse nicht zu, dass meine Geschwister da hochgehen. Wenn was passiert, was dann? Hier ist doch kein Mensch, der uns helfen könnte!«

Neva drehte sich um und sah mir herausfordernd ins Gesicht. »Was denn, bist du die Babysitterin für deine Geschwister?« Sie warf Sam einen Blick zu. »Für ihn?«

Alle sahen mich an. Ich fühlte mich klein und unsicher. Trotzdem sträubte sich alles in mir dagegen, Nevas dummem Vorschlag zu folgen. Es war einfach viel zu gefährlich in diesem alten Turm! Weil niemand etwas sagte, stiegen mir Tränen in die Augen. »Leute, lasst uns lieber von hier verschwinden!«, flehte ich meine Brüder an.

Aber Sam schüttelte nur den Kopf. »So schlimm sieht es doch gar nicht aus«, behauptete er und wies auf die Treppe.

Aber ich wusste, dass solche Türme einfach hoch und gruslig waren. Selbst gepflegte Aussichtstürme machten mir Angst. Und Lany war unberechenbar. Sie würde vielleicht irgendwo hochklettern und abstürzen. Schon bei dem Gedanken daran drehte sich mir der Magen um. Außerdem hatten wir ja gesehen, was nach meiner Befürchtung auf dem Steg vorhin passiert war.

»Ich gehe da nicht hoch«, sagte ich trotzig. »Komm, Lany, wir gehen nach Hause.«

Aber Lany blieb neben Neva stehen, die ihre Hand festhielt.

»Dann geh doch!«, fauchte Neva schadenfroh. »Du Feigling. Kommt, ich zeige euch die Aussicht.«

Damit wandte sie sich um und begann, die Treppe hinaufzuklettern. Alle folgten ihr, selbst Oskar.

»Ich bin sicher, dass es nicht zu gefährlich ist«, versuchte Sam, mich noch zu überreden. Aber ich schlug ihm nur auf den Arm und blickte ihn böse an.

»Wenn Lany oder einem von euch anderen was passiert, ist das ganz allein deine Schuld!«, schleuderte ich ihm entgegen. Dann ließ ich ihn stehen und rannte nach unten. Eilig durchquerte ich den dunklen, muffigen Raum und schlüpfte durch die Tür nach draußen.

Diese Neva war wie Mala in ihrer Geschichte. Sie dachte nur an sich selbst. Ich würde da nicht mitmachen.

Wütend schlug ich mich durch die Büsche und

suchte mir einen Platz, von dem aus ich den Turm gut im Blick hatte. Dort wollte ich warten, bis die anderen hoffentlich heil zurückkamen.

Ein bisschen hoffte ich aber, dass sich wenigstens einer den Fuß verstauchen würde, wenn sie schon nicht auf meine Warnungen hören wollten.

Eine ziemlich verrückte Idee

Es hätte schön sein können, da, wo ich saß. Die Sonne wärmte den Felsen, der beinahe wie ein Sessel geformt war. Ich hockte mit angezogenen Beinen auf dem Stein, den Rücken gegen den grauen Koloss gelehnt. Um mich herum war es still. Die Büsche raschelten leise im sanften Wind. Vor meinen Augen breitete sich die Bucht in ihrer ganzen Schönheit aus. Weiße Segel kreuzten vor dem Horizont. Hier in der Nähe des Turms gab es einen relativ flachen Strand. Etwas weiter drüben reichte der Fels bis ans Wasser. Man hätte dort nicht zu Fuß weitergehen können.

Leider konnte ich die Aussicht überhaupt nicht genießen.

Ich saß da und starrte auf den Turm. Er war wirklich ziemlich hoch, dabei aber recht breit. Wie ein dicker Wächter sah er aus. Wäre er ein Mensch gewesen, dann einer mit Bierbauch und einem Schnurrbart auf der Oberlippe. Die Wände waren aus Steinen, die eine schmutzig braune Farbe angenommen hatten. Fenster gab es nur wenige. Sie wirkten klein und schmal, aber ich wusste, dass ein Kind locker in ihrem Sims Platz fand. Neva hatte es vorgemacht. Oben schloss der Turm mit einem runden, spitzen Dach ab. Es sah aus wie der Deckel einer Zuckerdose.

Missmutig wartete ich darauf, Neva oder eins meiner Geschwister an einem Fenster zu entdecken. Wenigstens ihre Stimmen hätte ich doch hören können, dachte ich. Aber es blieb still.

Die Minuten zogen sich endlos in die Länge. Keine Spur, kein Laut von den anderen.

Was sie wohl da oben machten? Ich wurde immer wütender. Natürlich war mir klar gewesen, dass es eine Weile dauern würde. Ich stellte mir vor, dass Neva wieder eine ihrer Geschichten erzählte. Irgendwas mit Thunfischen hatte sie gesagt.

Die Angst, dass Lany etwas passieren könnte, wuchs immer mehr. Ich fing schon an, mir auszumalen, wie ich Mama und Papa die schlimme Nachricht überbringen müsste. Ich habe eine sehr lebhafte Fantasie. Vor meinem inneren Auge stürzte

Lany die Treppe hinunter und brach sich den Hals. (Oma hatte dies immer wieder gern als eine gängige Todesart bei Kindern erwähnt. So richtig wusste ich zwar nicht, was in diesem Fall genau passierte – aber es klang dramatisch. Und dramatisch war mir in diesen Minuten definitiv zumute.)

Eine weitere Horrorvorstellung war, dass Hummel aus einem der Fenster fiel. Er und Jo kletterten immer und überall hoch. Nicht auszudenken, wenn sie mit zu viel Schwung Neva nacheiferten! Mir brach kalter Schweiß aus bei diesem Gedanken.

Es fühlte sich an, als würden mehrere Stunden vergehen, in denen ich auf dem Stein hockte und zum Turm hinübersah. Irgendwann wurde mir das Warten zu viel. Ich stand auf. Vielleicht war wirklich etwas passiert und alle lagen da drin hilflos herum? Was, wenn zum Beispiel eine Leiter eingestürzt war oder ein Balken ihnen den Rückweg versperrte ...? Gut, ich hatte keine lauten Geräusche gehört und von außen wirkte alles unberührt. Aber dass sie so lange wegblieben ... Da musste doch etwas geschehen sein!

Ich rannte zurück zum Turm. Voller Sorge zwängte ich mich durch den Türspalt. Waren das Stimmen? Sie klangen aufgeregt. Weinte da nicht Lany?

Eilig durchquerte ich den düsteren Raum und hastete die Treppe hinauf. Dort sah ich sie. Alle saßen wieder auf den Matratzen und dem Holzfußboden – und waren äußerst fröhlich. Lany kuschelte sich an Nevas Arm.

Sie wirkten, als seien sie die besten Freunde. Ein vertrautes Team, das seit Jahren gemeinsam Abenteuer erlebte. Die Bande der Funkelnden Neva.

Die Eifersucht, die in mir aufkam, stach wie ein Messer in mein Herz.

Alle blickten mich an, als ich auf der Treppe auftauchte. Zuerst sagte keiner etwas, doch dann sprang Lany auf und lief auf mich zu.

»Emmi, du bist wieder da!«, jauchzte sie und schloss ihre Arme um meinen Bauch.

»Ja«, murmelte ich in ihr wuscheliges braunes Haar. »Klar bin ich wieder da.«

Die anderen setzten gleich ihr Gespräch fort. Vor allem Neva tat so, als wäre ich gar nicht im Raum.

Wäre Lany nicht gewesen, ich hätte mich umgedreht und wäre wieder gegangen. Scheinbar war es ja allen egal, ob ich dabei war oder nicht. Doch Lany drängte mich, zu der Gruppe zu gehen.

Ich weiß nicht, ob die verrückte Idee überhaupt entstanden wäre, wenn Neva nicht so wild entschlossen gewesen wäre, mich zu hassen – und wenn ich nicht so wütend gewesen wäre, weil ich mich nicht ernst genommen fühlte. Ich glaube, wir beide wollten einander irgendwas beweisen. Vielleicht hätten meine Geschwister und ich einen ganz entspannten Urlaub mit unseren Eltern erlebt. Ganz ohne Lebensgefahr und Stress und so. Aber ich war wütend und sie war entschlossen. Also kam es zu alldem.

»Der Angsthase ist zurückgekehrt«, stichelte Neva, als Lany mich in die Mitte des Raumes geschoben hatte.

Diesmal verteidigte Sam mich wenigstens: »Hör doch mal auf, sie so zu ärgern.« Er bedachte Neva mit einem strengen Blick.

Sie zog immerhin die Augenbrauen in die Höhe.

Lächelnd wandte Sam sich an mich: »Siehst du, uns ist nichts passiert.«

Ich schluckte eine bissige Bemerkung hinunter. Merkte er nicht, dass mich das genauso dumm dastehen ließ wie Nevas Sprüche?

Jo rieb sich die Hände. Seine Augen glänzten, was bedeutete, dass er wirklich sehr begeistert war. »Es ist eine krasse Aussicht von da oben!«

»Und gar nicht gefährlich«, fiel Hummel ihm ins

Wort. »Der Fußboden ist genauso fest und sauber wie hier. Nur die Treppen knacken ein bisschen.«

»Ich wäre beinahe aus dem Fenster gefallen«, ergänzte Lany fröhlich, aber Sam wiegelte ab: »Stimmt doch gar nicht! Neva hat dich gut festgehalten.«

Mir wurde direkt wieder übel bei der Vorstellung, wie Neva meine kleine Schwester hielt, während die in einem Fenster hockte. Wie konnte man nur so leichtsinnig sein?

Bevor ich weiter darüber nachdenken konnte, erzählte Hummel, was sie da oben gemacht hatten: »Wir konnten die ganze Bucht überblicken, noch viel besser als von hier unten! Wusstest du, dass man früher Thunfischschwärme in diese Buchten gelockt hat? Und dann, wenn sie da waren, wurden Netze hochgezogen und ganz viele Fische gefangen. Das sind solche Brummer!« Er spannte seine Arme, so weit er konnte.

»Manche sind größer als ich«, ergänzte Lany stolz.

Sam mischte sich ein: »Ja, aber jetzt ist das verboten. Die Thunfischbestände sind überfischt.«

»Das bedeutet, es gibt nur noch wenige.« Hummel musste jetzt auch noch mit seinem neuen Wissen angeben.

Ich fühlte mich als die totale Außenseiterin. Und daran war ich auch noch selbst schuld, weil ich nicht mit nach oben geklettert war. Ein echt blödes Gefühl.

»Na ja, das weiß ja eigentlich jedes Kind.« Neva war aufgestanden und machte ein betont gelangweiltes Gesicht. »Wer Thunfisch isst, hat kein Gewissen.«

Puh, das saß. Ich hatte mir darüber noch nie Gedanken gemacht. Ehrlich gesagt ist Thunfisch die einzige Sorte Fisch, die ich halbwegs mag. Jetzt wollte Neva mir das auch noch verderben? Nur weil sie angeblich so schlau war. Leider kam es mir so vor, als müsste ich ihr das auf jeden Fall glauben. Sie war schließlich das Inselmädchen und wusste, wovon sie sprach. Oder?

Fieberhaft suchte ich nach einer Möglichkeit, das Thema zu wechseln. Neva saß inzwischen wieder auf dem Fenstersims und mir kam Atlantis noch einmal in den Sinn.

»Du hast doch vorhin diese Geschichte von Bona und Mala erzählt und dass das wirklich so ähnlich passiert sein könnte«, wagte ich einen Vorstoß in ihre Richtung. »Müsste es in dieser Bucht dann nicht auch versunkene Gebäude und Schätze geben?«

Jo gesellte sich zu uns ans Fenster. Hummel, Ante und Lany hörten nicht zu. Sie hatten angefangen, in dem runden Raum Fangen zu spielen. Sam sah ich gar nicht mehr. Vielleicht war er noch einmal nach oben gegangen. Oskar hockte auf der Matratze und starrte gelangweilt vor sich hin.

»Versunkene Schätze?« Wieder bedachte Neva mich mit ihrem spöttischen Blick.

Jos Augen weiteten sich dagegen voller Neugier. Er wusste, dass ich eine erfahrene Schatzfinderin war. Neva hatte davon natürlich keine Ahnung.

»Kann es sein, dass du zu viele Piratenfilme geguckt hast?«, stichelte sie weiter. »Wenn es hier Schätze zu heben gäbe, dann hätte das längst jemand gemacht.«

Es entstand eine Pause, in der nur das Kreischen und Fußgetrappel von Lany, Ante und Hummel zu hören waren.

»Okay, ich sehe ein, dass das alles schon ewig her sein muss. Bestimmt hat man direkt nach dem Unglück schon das, was noch zu retten war, geborgen. Aber damals gab es doch noch nicht so gute Technik zum Tauchen und so. Und dann hat man mit der Zeit gedacht, alles wäre nur eine Sage. Oder?«

Jo nickte bestätigend. »Man kann nie wissen!«,

behauptete er mit Überzeugung in der Stimme. »Piratenschätze liegen in der Karibik. Aber wenn hier eine Stadt versunken ist, dann kann Emmi durchaus recht haben. Wir haben schon das Bernsteinzimmer wiederentdeckt, weißt du?« Beifall heischend sah er zu Neva.

Die runzelte die Stirn. »Das Bernsteinzimmer? Was soll das denn sein?«

Jetzt war ich es, die den Kopf schüttelte. Also echt, auch das wusste doch jeder! Spätestens, seitdem weltweit in den Medien davon berichtet worden war, dass wir es im sächsischen Erzgebirge gefunden hatten!

»Ein wertvoller Kunstschatz, der im Zweiten Weltkrieg verschollen ist«, klärte ich sie auf. »Wir haben ihn in einem stillgelegten Bergbauschacht in unserem Heimatdorf entdeckt.«

Hochmütig gab Neva zurück: »Das glaube ich nicht!«

Ich verdrehte die Augen und zischte böse: »Wenn wir wieder in der Ferienwohnung sind, beweise ich es dir. Man findet es auf Anhieb im Internet.«

Neva erwiderte nichts. Sie schaute aus dem Fenster aufs Wasser und schien zu überlegen. »Na gut, ich habe eine Idee.«

Gespannt blickte Jo sie an. Ich war skeptisch, aber auch neugierig.

»Wir können ja mal schauen, ob wir Hinweise finden. Aber ich sage es euch gleich: Diese Geschichte ist zwar bestimmt wahr, aber ewig lange her.« Sie sprang vom Fenstersims und winkte Hummel, zu ihr zu kommen. »Lasst uns runter zum Strand gehen. Dann erkläre ich es euch.«

Obwohl mir ihre Art, superschlau zu reden, auf die Nerven ging, wollte ich wissen, was sie vorhatte. Wir riefen nach Sam, der wirklich wieder nach oben gegangen war.

Er kam die Treppe herunter, das Handy in der Hand. »Da oben hab ich wenigstens ein bisschen Empfang«, grinste er. »Leute, es macht euch doch nichts aus, wenn ich schon wieder zurückgehe, oder?«

Oskar ergriff die Gelegenheit, ebenfalls wegzukommen. »Ich zeig dir den Weg.«

Mir war es egal, ob die Jungs blieben oder gingen. Dass Sam keine große Hilfe war, wenn es darum ging, auf Lany aufzupassen, hatte er ja jetzt bewiesen.

Gemeinsam verließen wir den Turm. Sam und Oskar verzogen sich und wir anderen liefen hinunter zum Strand. Unter unseren Füßen knirschte der Kies. Neva ging bis ans Wasser, dann setzte sie sich auf den Boden. Wir machten es ihr nach. Während wir auf die kleinen Wellen schauten, die knapp vor unseren Füßen über die Steine schwappten, fing Neva wieder an zu reden. Ich musste die Augen ein bisschen zusammenkneifen, um sie zu sehen. Die Sonne blendete und ließ um Nevas braunes Haar eine Art Heiligenschein entstehen. Als ob sie den verdient hätte.

»Ihr müsst daran denken, dass es in der Geschichte ein Erdbeben gab«, fing sie an. »Die Häuser sind alle eingestürzt. Die ganzen Schätze – Handelsgut und so was – lagen also sowieso schon unter Trümmern.«

Das war leider logisch.

»Dazu kam diese riesige Sturmflut. Sie hat nicht nur Wasser über die Ruinen gespült. Natürlich kommt da auch Sand und Schlamm mit. Na ja, und mit den Jahren lagern sich viele Schichten von Sedimenten darauf ab. Pflanzen und Tiere hinterlassen ihre Spuren und nehmen das alles in Besitz. Habt ihr doch sicher auch in der Schule gelernt, oder?«

»Ich noch nicht«, meinte Hummel fröhlich und sprang auf. Lany, Ante und er fingen an, Steine ins Wasser zu werfen.

Jo sah Neva nachdenklich an. »Ich hab schon davon gehört«, räumte er ein. »So was lernt man auch, wenn man sich mit Dinosauriern beschäftigt. Aber diese Geschichte ist doch noch keine Jahrmillionen her. Höchstens ein paar Tausend Jahre, oder?«

»Ich weiß nicht«, gab Neva zu. »Die Sache mit dem regen Handel liegt nur ungefähr sechshundert Jahre zurück.«

»Puh«, machte Jo, der sich inzwischen die Schuhe ausgezogen hatte und mit den Zehen im Wasser planschte. »Das ist aber irgendwie komisch. Ich meine: Wenn Erdbeben und Sturm kommen, dann kann ich mir schon vorstellen, dass mal ein Ort ziemlich zerstört wird. Aber dass er ganz versinkt? Müsste das Wasser nicht eigentlich auch wieder abfließen?«

Neva sah nachdenklich aus. Ich dachte damals, sie hätte sich das selbst noch nie gefragt. Jetzt weiß ich, dass sie einfach überlegte, wie sie es uns am besten erklären konnte. Sie stand auf und sah sich um. Dann sagte sie: »Kommt mal mit.«

Ein Stückchen weiter lagen mehrere Felsbrocken am Ufer. Sie waren nicht sehr hoch. Den einen hätten wir locker als Tisch benutzen können. Allerdings war er sehr uneben. Von oben betrachtet sah er aus wie eine gewellte Landschaft. Neva stellte sich vor den Felsbrocken und wartete, bis wir uns alle drum herum versammelt hatten. Sogar die Kleinen kamen neugierig dazu.

»Also, stellt euch vor, das hier wäre die Insel«, begann sie schließlich. Sie fuhr mit dem Finger in einem Halbkreis über die leicht hügelige Oberfläche.

Jo hob ein paar Kiesel auf und legte sie dort hin. »Das sind die Häuser«, erklärte er stolz.

Neva nickte ihm anerkennend zu und mein kleiner Bruder strahlte über das ganze Gesicht. »Hier ist das Meer.« Sie löste die Flasche, die sie an ihrem Gürtel trug, und goss Wasser auf den Felsbrocken. In einer großen Mulde um die »Insel« herum sammelte sich die Flüssigkeit. »Wenn es nur dieses Wasser wäre, dann würde bei Sturm das hier passieren.« Mit den Händen peitschte sie das Wasser auf, sodass es auf Jos Modellhäuser schwappte.

»Cool«, meinte Hummel kichernd.

Ante klatschte begeistert in die Hände, als einer der kleinen Kiesel wegrollte.

Mir wurde langsam klar, dass Neva auf etwas Größeres hinauswollte.

Sie ließ uns stehen und eilte mit ihrer Flasche zum Meer. Als sie zurückkam, goss sie einen kräftigen Schwall Salzwasser in eine etwas tiefere Mulde, die neben der Meermulde unserer Beispielstadt lag. Sie lief noch einmal weg und füllte sie weiter. Mittlerweile stand ein großer Teil des Felsbrockens unter Wasser, aber unsere Stadt war noch unberührt.

»Jetzt ist Folgendes passiert«, sagte Neva schließlich. »Stellt euch vor, der Untergrund der Stadt wäre bei dem Erdbeben aufgebrochen und ein Stück weit abgesunken. Gleichzeitig kam nicht nur ein bisschen Wasser von dem kleinen See direkt vor der Stadt, sondern eine riesige Menge Wasser drückt aus dem großen Meer herein. Auch der Meeresboden verändert sich bei einem Beben. Sie legte einen fetten Stein mitten in die kleinere Mulde und ließ das Wasser aus der großen Vertiefung nachfließen. Der »Meeresspiegel« um unsere kleine Stadt herum stieg deutlich an.

»Was auch immer die Ursache war ...«, schloss Neva ihr kleines Experiment. »Ein größeres Seebeben im Mittelmeer oder ein Vulkanausbruch irgendwo weiter entfernt – es gibt jede Menge Gründe dafür, dass sich die Pegel von großen Gewässern an einigen Stellen dauerhaft ändern.«

Ich muss zugeben, dass mich ihr Wissen so langsam wirklich beeindruckte. Allerdings ruinierte ihre nächste Bemerkung alles wieder: »Aber ich erwarte nicht, dass ihr das kapiert.«

»Hey, wie sind nicht dumm!«, wehrte sich Jo.

Hummel grinste. »So ganz checke ich es wirklich nicht«, gestand er. »Aber ist auch egal. Ich kapiere jedenfalls, dass das Meer groß ist und Wasser 'ne Menge kaputt machen kann.«

Neva seufzte. »Ich wünschte, jeder würde es verstehen. Ich meine, wir reden hier von einem kleinen Ort im Mittelmeer. Aber das ist ja nur ein kleines Meer. Wisst ihr, wie groß die Ozeane sind?«

Mir war nicht ganz klar, was das jetzt mit unserem kleinen Insel-Atlantis zu tun haben sollte, aber Neva wirkte auf einmal ganz aufgekratzt.

»Ich interessiere mich einfach total für diese Sachen«, erklärte sie. »Später werde ich Ozeanologie studieren. Die Meeresspiegel steigen nämlich auch jetzt und das bedeutet, dass irgendwann diese ganze Insel im Meer versunken sein wird.«

Lany schaute sie erschrocken an. »Was, jetzt?« Sie machte einen erschrockenen Hüpfer vom Meer weg. Ich musste lachen. »So schnell geht das nun auch nicht«, beruhigte ich sie.

Doch Neva warf mir wieder einen durchdringenden Blick zu. »Ja, so schnell nicht. Aber was vor ein paar Hundert Jahren passiert ist, das kann auch heute wieder passieren.«

»Nicht *heute*«, sagte ich zu Lany.

»Okay, nicht *heute*«, wiederholte Neva. »Aber jeder weiß, dass die Meeresspiegel auf der ganzen Welt langsam, aber sicher ansteigen. Das bedroht alle Länder, die an irgendeinem Meer liegen. Und die anderen werden die Auswirkungen auch zu spüren bekommen.«

»Puh«, machte Jo wieder. »Das ist aber doch alles megakompliziert. Und was hat es mit dieser Sage zu tun? Ich dachte, wir wollten jetzt einen Schatz suchen, oder zumindest nach Ruinen Ausschau halten. Du hattest doch irgendeine Idee!«

»Ja«, gab Neva mit einem geheimnisvollen Lächeln zurück. »Die hatte ich. Ich wollte nur, dass ihr vorher versteht, warum wir hier im flachen Wasser keine Ruinen finden werden.«

Meine Augenbrauen schnellten in die Höhe.

»Und auch keine Goldschätze. Aber es gibt was anderes zu sehen und zu finden auf unserer schönen Insel.«

Ich war enttäuscht, denn ich hätte gerne nach dem kroatischen Atlantis gesucht.

»Ich kann euch mit meinem Boot an der Küste

entlangfahren und euch zeigen, wo man Felsabbrüche sieht und wo früher vielleicht Straßen verlaufen sind«, versprach Neva. »Und dann bringe ich euch noch bei, wie ich im Sommer ganz andere Schätze suche. Ringe und Ketten aus Gold.« Ihre Augen bekamen wieder dieses Glitzern und ich wurde langsam richtig neugierig.

»Wirklich?«, fragte ich, trotzdem skeptisch, nach.

»Wirklich.« Neva nickte und ihre braunen Haare wippten, als wollten sie die Ernsthaftigkeit des Angebots unterstreichen. »Ihr müsst nur bereit sein, morgen sehr früh aufzustehen. Und ihr dürft euren Eltern nichts verraten.«

Jo quiekte vor Freude und Hummel hüpfte in die Höhe. Ante machte ein verdächtig misstrauisches Gesicht. Lany spielte mit Steinchen im flachen Wasser und ich dachte, sie hätte gar nichts gehört.

»Wenn es so geheim sein muss, dann …« *Dann machen wir es nicht, weil es bestimmt verboten ist*, wollte ich sagen. Aber Neva fiel mir ins Wort: »Dann traust du dich nicht, weil du ein Feigling bist?«

Und das war es, warum ich diese verrückte Sache mitmachte. Denn ich konnte nicht dreimal am gleichen Tag vor Neva als Angsthase dastehen.

»… dann wird es bestimmt sehr spannend«,

presste ich deshalb zwischen zusammengebissenen Zähnen hervor.

Neva hielt mir die Hand hin. »Dann ist es also abgemacht«, besiegelte sie die Entscheidung. »Wir treffen uns morgen früh um fünf Uhr hier in der Bucht. Ich werde mit meinem Boot auf euch warten.«

Ich drückte ihre Hand, während mein Magen einen Purzelbaum zu schlagen schien. »Abgemacht«, bestätigte ich und Jo fiel mir vor Freude um den Hals.

Ich wusste, dass es in einer Katastrophe enden würde.

Heimlich auf See

Es ist schwer zu schlafen, wenn man eine verbotene Sache vorhat.

Obwohl ich normalerweise eine Tiefschläferin bin, wälzte ich mich am Abend vor der Bootsfahrt die ganze Zeit im Bett hin und her. Ich teilte das Zimmer mit Hummel und Lany, die beide innerhalb von Sekunden eingeschlafen waren. Nur ich lag wach.

Unseren Eltern hatten wir erzählt, dass Neva uns den Sonnenaufgang in der Bucht zeigen wollte und wir deshalb vor dem Frühstück schon unterwegs sein würden. Das stimmte auch, aber eben nur zur Hälfte. Neva hatte beschlossen, dass wir uns bei Sonnenaufgang treffen sollten. Ich hatte mir den Wecker auf vier Uhr dreißig gestellt. Nur Hummel, Jo und ich würden losziehen. Sam war ahnungslos und Lany wusste auch nichts von unserem wahren Plan – dachten wir. Zum Glück ist sie aufmerksamer, als ich vermutet hatte.

Lange grübelte ich darüber nach, worauf wir uns

da eingelassen hatten. Gut, das Meer sah eigentlich ziemlich harmlos aus. Neva war ein Inselmädchen und ich vertraute ihr, dass sie ihr eigenes Boot sicher steuern würde. Trotzdem konnte so viel schiefgehen! Ich hatte überhaupt keine Ahnung vom Segeln. Meine Brüder natürlich auch nicht. Überhaupt war ich bisher höchstens mal Ruderboot gefahren und einmal hatten wir als ganze Familie eine Paddeltour gemacht. Dabei waren Mama und ich im Schilf gelandet, weil wir einem Motorboot ausweichen mussten und das mit dem Steuern noch nicht so wirklich raushatten. Seitdem ist mir klar, dass Boote keine Bremse haben und eigentlich machen, was sie wollen. Zumindest, wenn ich drinsitze. Das machte mir Sorge.

Ich redete mir ein, dass Neva mit Meer und Boot vertraut war und alles im Griff haben würde. Das änderte aber nichts an der Tatsache, dass Hummel mitkommen würde, und er konnte nicht schwimmen. Das heißt: Er konnte es schon so halbwegs. Das Seepferdchen-Schwimmabzeichen hatte er immerhin. Aber wenn er schwamm, dann sah es aus, als würde ein Hündchen im Wasser paddeln. Größere Entfernungen schaffte er sicher noch nicht. Und das Wasser war kalt!

Dazu kam noch Jos Talent, Unruhe zu stiften. Wenn er auf dem Boot einen Streit mit Hummel anfing, dann konnte das gehörig schiefgehen.

Und schließlich vollendete der Gedanke an Neva mein Sorgenkarussell. Sie mochte mich nicht. Es war ihr zuzutrauen, dass sie uns mit Absicht in eine Situation bringen würde, die mir Angst machte – nur, um mich zu ärgern.

Aber ich konnte nicht kneifen. Ich war es mir selbst schuldig, meine ganze doofe Angst zu überwinden und einfach wieder ein neues Abenteuer zu erleben. Vielleicht würde es ja richtig Spaß machen?

Ich drehte mich im Bett auf die Seite. Im Zimmer war es dunkel, nur schwache Streifen Mondlicht schienen durch die Schlitze des Rollos. Ich kniff die Augen zu und bat Gott, uns zu beschützen. Obwohl das ungute Gefühl, etwas zu machen, das sich falsch anfühlte, immer noch da war, schlief ich schließlich doch ein.

Ich wurde geweckt, bevor mein Handy piepte. Es war Jo, der an meiner Schulter rüttelte.

»Steh auf«, flüsterte er so laut, dass Lany sich auf ihrer Matratze umdrehte.

Sofort war ich hellwach. Es war so weit. Rasch schlüpfte ich aus dem Bett. Soweit ich es im Dämmerlicht erkennen konnte, war Jo bereits angezogen. Ich hatte mir auch schon Sachen bereitgelegt. Leider war auch einer von Nevas Pullovern dabei, denn ich hatte auf der Fahrt keinen angehabt. Neva hatte uns ganz klar gesagt, dass es kalt werden würde.

»Hummel wartet auf dem Flur«, erklärte Jo, während ich mich eilig anzog. Der Pullover kratzte an meinem Hals. Unwillig kräuselte ich die Nase, machte aber schnell weiter. Sobald die Socken an meinen Füßen waren, schlichen wir aus dem Zimmer. Lany schlief zum Glück wieder tief und fest.

Leise durchquerten wir den Flur. Hummel ging uns voran durch das Wohnzimmer auf die Terrasse. Draußen empfing uns die graue Morgendämmerung. Wir schlichen die Treppe hinunter, um niemanden aufzuwecken. Sobald wir auf der Straße standen, verfielen wir in einen schnellen Schritt.

»Das ist so cool!«, raunte Hummel mir zu.

Es war, als müsste man flüstern, um den geheimnisvollen Morgen nicht zu stören. Kalte, feuchte Luft drang unter meine Klamotten und prickelte auf meinen Wangen. Ich atmete tief ein. Das hier würde ein guter Tag werden. Ich wollte es einfach glauben. Tief in mir wusste ich trotzdem, dass es schiefgehen würde.

Am Nachbarhaus erwartete Ante uns.

Hummel begrüßte ihn mit einem freudigen Hüpfer, während Jo verwundert fragte: »Kommt Oskar nicht mit?«

Ante schüttelte den Kopf. »Nö, der hat keine Lust«, meinte er schulterzuckend. »Er vertraut Neva nicht.«

Dann wären wir schon zu zweit, dachte ich, fragte aber nur: »Und du? Vertraust du ihr?«

Ante legte den Kopf schief. Sein Gesichtsausdruck wurde noch schelmischer als sonst. »Na ja, nicht so ganz. Aber jemand muss ja auf euch aufpassen, oder?«

Nach dieser eher weniger beruhigenden Aussage wandte er sich Hummel zu und stupste ihn an. »Los, wir rennen. Wer zuerst am Strand ist!«

Die beiden rasten los. Jo und ich beeilten uns, ihnen zu folgen.

Wir nahmen den gleichen Weg wie am Tag vorher. Es wurde von Minute zu Minute heller. Als wir den Strand erreichten, färbte sich der Himmel über dem Wasser schon rötlich. Ante und Hummel liefen weiter voraus. Wir kletterten den Hang hinauf und folgten dem Pfad durch die Büsche.

»Ich muss pinkeln«, teilte Jo mir plötzlich mit.

»Boah, dann mach. Aber beeil dich!«

Leicht genervt blieb ich stehen, um auf ihn zu warten. Während er einen geschützten Platz zwischen den Sträuchern suchte, genoss ich die Aussicht. Es war mittlerweile ziemlich hell. Auf dem Meer lag Dunst, der in einem warmen Rot erglühte. Es war nicht mehr weit bis zur Bucht.

Jo kam zurück. »Bin fertig!« Dabei fummelte er an seiner Umhängetasche herum. Hätte ich doch gleich da gefragt, was er da drin hatte!

Es ging einen ziemlich steilen Weg bergab, dann lag die Bucht vor uns.

Das Wasser wirkte blass im Morgenlicht. In der Windstille war die Oberfläche beinahe glatt. Der feine Nebel, den ich schon aus der Ferne bemerkt hatte, verhüllte den Horizont. Dort hinten schimmerte es nun orangefarben. Alles wirkte unfassbar friedlich und absolut ungefährlich. Mein Herz klopfte trotzdem wie verrückt.

Unten am Bootssteg stand Neva. Direkt neben ihr war das Boot festgemacht. Es lag ganz ruhig auf dem Wasser. Die weißen Fender sollten es davor schützen, gegen den Steg zu stoßen, doch sie schienen überflüssig, so wenig bewegte es sich.

Hummel und Ante rannten über den Kies und auf

den Steg. Ihre Schritte polterten auf den Holzbohlen. Jo, der mich inzwischen überholt hatte, ging ebenfalls zielgerichtet auf Neva zu. Mein Bruder bewegt sich eigentlich eher so ein bisschen schlunzig. Er schlurft mit den Füßen und lässt die Schultern hängen. Man hat meistens den Eindruck, er sei gelangweilt und habe keine Lust, da zu sein, wo er ist. An diesem Morgen am Meer war es ganz anders. Gerade aufgerichtet stolzierte er über den Steg, wie ein Marinesoldat, der zu seiner ersten Mission aufbricht.

Plötzlich wurde mir klar, dass es nur eine Erklärung für sein seltsames Verhalten seit gestern Nachmittag geben konnte: Jo stand auf Neva.

Ich schluckte, weil irgendwas zwischen Übelkeit und Lachen in mir aufstieg. Wow, das dürfte ein sehr interessanter Ausflug werden.

Ein Kind im Boot, das nicht wirklich schwimmen konnte.

Ein vorpubertärer Bruder, der unzurechenbar, weil verliebt, war.

Und eine Bootsführerin, die mich hasste.

Die Sonne brach durch den Dunst und ließ das Wasser aufleuchten.

Neva klatschte in die Hände. »Willkommen an Bord der *Lucia*!«

Nacheinander kletterten wir in das Boot, das durch den ungeschickten Zustieg von uns Landratten ziemlich wild zu schaukeln begann. Die Fender machten einen guten Job.

»Schöner Pullover«, bemerkte Neva spöttisch und warf mir ein Seil zu. Es fühlte sich feucht und rau an und ich hatte keine Ahnung, was ich damit machen sollte.

Sie gab das Kommando: »Roll es auf und leg es in den Bug.«

»Wohin?«, fragte ich begriffsstutzig.

Neva verdrehte die Augen. »Dort vorne hin. Gleich da, wo das Ende festgemacht ist.« Ich folgte ihrer Anweisung, denn nun bemerkte ich, dass sie das Boot bereits vom Steg gelöst hatte.

»Abstoßen!«, rief sie Jo zu.

Gemeinsam schoben mein Bruder und das Inselmädchen den hölzernen Kahn ein Stück vom Steg weg. Hummel und Ante saßen auf einer der beiden Bänke, die mittig im Boot angebracht waren. Sie schauten Neva aufmerksam zu. Sie machte sich jetzt am Motor zu schaffen. Es war ein klobiges Gerät, das hinten außen am Boot angebracht war. Neva fummelte an einem Hebel herum. Mit einem Platschen verschwand der untere Teil im Wasser und

Neva zog an einem Strick. Es gab ein knatterndes Geräusch, das aber gleich wieder verebbte.

»Passt auf, dass wir nicht wieder zu nah an den Steg treiben«, forderte Neva uns auf, bevor sie noch einmal kräftig an dem Strick zog. Erneutes Knattern und Verebben.

Sie murrte leise, dann sagte sie: »Aller guten Dinge sind drei.«

Sie zog die Schnur und endlich startete der Motor. Mit einem gleichmäßigen Brummen setzte sich das Boot in Bewegung. Hummel jauchzte. Jo nahm neben Neva hinten im Boot Platz. Sie saßen rechts und links vom Motor und strahlten beide.

Wir fuhren in einem gemütlichen Tempo durch die Bucht auf das offene Meer zu. Der Nebel lichtete sich zusehends und die Sonne warf ihre ersten gleißenden Strahlen über das Wasser. Geblendet kniff ich die Augen zusammen.

»Meeeegacool«, freute sich Hummel. Er hielt sich mit einer Hand an der Bootswand, mit der anderen an der Bank fest und schaute mit großen Augen um sich.

»Noch cooler wäre es, wenn wir Rettungswesten hätten«, gab Ante zu bedenken. »Man muss ein ziemlich guter Schwimmer sein, um aus der Bucht raus wieder an Land zu kommen. Außerdem ist es noch echt kalt im Wasser. Zehn Minuten und du bist total unterkühlt.«

Ich schnappte nach Luft. Richtig, ich hatte mir vorgenommen, Neva um eine Schwimmweste, zumindest für Hummel, zu bitten. Jetzt würde sie bestimmt nicht noch einmal umdrehen.

»Ach ja.« Neva stand auf. Das Boot schwankte. »Halte uns mal kurz auf Kurs«, bat sie Jo. Der nickte stolz, obwohl er bestimmt gar nicht wusste, was der geplante Kurs war.

Neva bückte sich und zog eine Kiste unter der hinteren Bank hervor. »Ich hab nur vier Stück«, stellte sie fest und reichte Hummel eine rote Weste. »Aber ich kann gut schwimmen. Also zieht ihr alle eine an und ich bleibe ohne.«

Ich nahm meine Weste entgegen, runzelte aber nachdenklich die Stirn. »Ist es nicht besser, wenn du eine anziehst?«, gab ich zu bedenken. »Wenn du ins Wasser fällst, haben wir niemanden mehr, der weiß, wie man das Boot steuert. Also solltest du im Fall der Fälle am besten gesichert sein. Zieh du die Weste an. Ich werde schon nicht rausfallen.«

»Ich falle auch nicht ins Wasser!«, protestierte Neva.

Und an diesem Morgen sah sie wirklich aus wie ein

erfahrenes Fischermädchen. Sie trug kurze kakifarbene Hosen mit aufgesetzten Taschen, ein grünes Shirt und darüber eine gefütterte Stoffjacke. Ihre braunen Haare quollen unter einer ausgeblichenen blauen Wollmütze hervor. Wie sie so selbstbewusst im Boot stand, hatte niemand von uns Zweifel daran, dass sie alles im Griff hatte.

Außer Ante. Der kleine Junge mit dem dunklen Haar schüttelte energisch den Kopf. »Nein, Neva. Emmi hat recht. Du solltest die Weste tragen. Ich bin der beste Schwimmer von uns allen. Ihr tragt die Westen, und falls ich in Gefahr gerate, dann werft ihr mir einfach so schnell wie möglich den Rettungsring zu.«

Niemand protestierte, nicht einmal Neva.

Ich half Hummel in seine Weste. Als wir alle ausgerüstet waren, fühlte ich mich sicherer. Ich begann die Fahrt zu genießen. Inzwischen näherten wir uns dem Ausgang der Bucht. Rechts und links schien das Ufer immer weiter zurückzuweichen und das offene Meer breitete sich vor uns aus. Der Motor tuckerte zuverlässig und kein Hindernis war in Sicht. Die Sonne glänzte auf dem Wasser und kein Lüftchen regte sich. Kein Wind – das ließ mich aufmerksam werden. Schließlich saßen wir in einem

Segelboot! Ich riss mich von dem friedlichen Anblick des Wassers los und drehte mich zu Neva um.

»Fahren wir die ganze Zeit mit Motor?«, rief ich zu ihr nach hinten.

Sie machte wieder ihr überhebliches Gesicht, als wäre es unter ihrer Würde, mit einer Landratte wie mir zu reden.

»Natürlich nicht«, gab sie patzig zurück. »Wir warten nur auf Wind!«

Klar, das war logisch. Trotzdem fragte ich mich, was passierte, wenn keiner aufkam. Schließlich reichte der Treibstoff bestimmt nicht ewig. Andererseits: Wenn Neva täglich mit dem Boot unterwegs war, dann wusste sie bestimmt, wie weit eine Tankfüllung reichte. Beruhigt lehnte ich mich zurück.

Inzwischen waren wir aus der Bucht heraus. Tiefblaues Wasser umgab uns. Das Ufer war ein ganzes Stück entfernt. Neva drehte ein wenig bei und begann, uns parallel zur Küste entlangzufahren.

»Da drüben ist unser Dorf«, erklärte sie stolz.

Ich konnte den Pier erkennen und natürlich die Häuser, die direkt am Strand standen.

»Wir fahren jetzt immer an dieser Küste entlang. Dann kommt eine Art Landzunge und dahinter liegt der Partystrand. Jetzt, im Frühling, ist dort nicht viel los. Aber im Sommer gibt's da viel zu finden, vor allem, wenn man ein bisschen schnorchelt oder taucht. Mein Onkel hat letzten Sommer Schmuck im Wert von mindestens tausend Euro unter Wasser gefunden.«

»Wie geht das denn?«, wollte Hummel wissen. »War dort früher auch so eine versunkene Stadt?«

Lachend schüttelte Neva den Kopf. »Nein, es kommen einfach ganz viele Touristen zum Partystrand. Zum Teil sind die steinreich. Wenn sie baden gehen, dann lassen sie oft ihren Schmuck an, verstehst du? Weil das Wasser kühl ist, ziehen sich die Blutgefäße in den Händen zusammen. Dadurch werden die Finger ein bisschen schmaler. Hast du das schon mal bemerkt?«

»Nö«, erwiderte Hummel, streckte aber sofort die Hand aus dem Boot und versuchte, das Wasser zu erreichen.

»Pass auf!«, warnte ich ihn. Das Boot wackelte ein wenig.

Neva lachte wieder. »Jedenfalls rutschen dadurch die Ringe schnell mal vom Finger. Viele Leute verlieren zum Beispiel ihre goldenen Eheringe beim Schwimmen. Mein Onkel taucht danach. Er hat einen Metalldetektor, der auch unter

Wasser funktioniert. Und so kommt es zu vielen tollen Funden.«

»Aber das ist doch gemein!«, mischte Jo sich in das Gespräch ein. »Diese Ringe bedeuten den Leuten doch viel! Sollte man nicht versuchen, sie zurückzugeben, statt sie einfach zu behalten?«

Neva winkte ab. »Sicher, das macht er ja auch. Er hat eine Webseite, die auch die Hotels am Strand kennen. Dort können die Gäste sich melden, wenn sie etwas verloren haben. Aber was nach der Saison nicht abgeholt wurde, das behält mein Onkel.«

Für mich klang es fair. Auch Jo war zufrieden. Hummel hatte es endlich geschafft, seine Hand ins Wasser zu halten. Er zog sie wieder heraus und verglich sie mit der anderen. »Ich glaube, ein bisschen dünner sind meine Finger wirklich.«

Während Hummel mit seinen Fingern beschäftigt war, fiel mir auf, dass Jo ständig an seiner Umhängetasche herumdrückte. Wieder wollte ich fragen, was er da drin hatte, als Neva plötzlich aufsprang.

»Wind!«, rief sie begeistert. »Spürt ihr das? Es kommt Wind auf! Los, los, spannen wir das Segel!«

Ihre Begeisterung war ansteckend. Neva stoppte den Motor und befestigte ihn oberhalb der Wasserkante. Dann wies sie Ante und Hummel an, das

Steuer zu übernehmen. Jo und mich winkte sie zu sich heran.

Das kleine Boot kam ganz schön ins Schaukeln, als wir alle darin herumkletterten. Neva blieb aber gelassen und zeigte Jo, welches Seil er lösen sollte. Auch mir drückte sie wieder einen dicken Strick in die Hand.

»Wenn ich ›jetzt‹ sage, fängst du an, daran zu ziehen, okay?«

Ich nickte.

»Und dabei wickelst du ihn hier um diesen Poller.« Sie zeigte auf eine Art Metallpfosten, der oben einen flachen Deckel hatte. »Kriegst du das hin?«

»Ähm, ja, denke schon«, versicherte ich ihr. Das sollte ja nicht zu schwer sein, dachte ich. Mit Jos Überraschung konnte ich da schließlich noch nicht rechnen.

Der Wind wurde schnell stärker und das Wasser begann, kleine Wellen zu schlagen. Meine Haare flatterten und auch die Strähnen, die unter Nevas Mütze hervorschauten, fingen an zu fliegen.

»Jetzt!«, rief Neva.

Ich zog und wickelte, zog und wickelte. Jo drehte an einer Kurbel. Neva löste eine Befestigung, die das Segel an den Mast gedrückt hatte. Nun entfaltete sich das große orangebraune Tuch. Ziehen und wickeln. Ziehen und wickeln ... Ich begann zu schwitzen. Der Wind blähte das Segel und unser Boot nahm Fahrt auf. Ziehen und wickeln ...

Plötzlich schrie Hummel auf. Vor Schreck hätte ich beinahe das Seil losgelassen, hielt es jedoch gerade noch fest.

»Was ist denn ...?«, hörte ich Ante fragen und gleich darauf schrie auch er.

Die Schlange ist schuld

Das war der Moment, in dem ich die Schlange entdeckte. Sie plumpste aus Jos Tasche auf das Deck. Lang war sie und dick! Und sie schlängelte genau auf mich zu, die Zunge zischelnd herausgestreckt. Ich konnte nicht mehr denken. Panisch ließ ich doch noch das Seil los und machte einen Satz nach hinten. Das Boot kippte. Neva brüllte etwas und fasste nach dem Seil. Die Schlange überlegte es sich anders und kroch nun auf die beiden Jungen im hinteren Teil des Bootes zu. Sie war irre schnell!

Hummel und Ante versuchten, ihr auszuweichen. Das Boot kippte auf die andere Seite. Der Wind übernahm die Kontrolle über unseren Kahn. Neva versuchte, das Segel irgendwie zu befestigen, während wir drei wie gebannt auf die Schlange starrten.

Jo schrie: »Sie tut nichts! Sie ist nicht giftig!«

Keiner von uns hörte auf ihn. Weil die Schlange bereits hinten angekommen war und das Boot sowieso schon wie verrückt kippelte, versuchte Jo nicht, sie zu fangen.

»Mach sie weg!«, kreischte Hummel und zog die Füße auf die Bank.

Ante stand einfach wie zu Stein erstarrt im Boot. Er konnte sich offenbar nicht bewegen. Als hätte die Schlange ihn hypnotisiert.

»Sie tut nichts«, behauptete Jo noch einmal.

Diesmal kam es bei mir an, aber es überzeugte mich nicht. Erstens war ich nicht sicher, ob Jo sich wirklich mit Schlangen auskannte. Und zweitens ging es Ante offensichtlich mit Schlangen wie mir mit Spinnen: Egal, wie ungefährlich sie sein mögen, sie machen mir einfach Angst.

Ante hatte große Angst.

Mein Blick fiel auf eine Stange, die innen am Boot auf zwei Haken gelagert war. Sie sah aus wie ein Besenstiel, nur ohne Besen. Kurz entschlossen griff ich sie mir und stocherte nach dem aufgeregten Tier. Ich hatte gar keinen richtigen Plan, aber es funktionierte: Die Schlange kringelte sich und ich konnte sie mit der Stange über Bord schubsen.

Jo schrie entsetzt: »Emmi, nicht!«, aber Ante löste sich aus seiner Schockstarre, sobald das Tier im Wasser war.

Hummel riss das Ruder herum und der Wind griff voll in die Segel. Das Boot schoss davon. Ich schwankte, fiel auf meine Knie und krallte mich an der Bootswand fest. Zu meiner Überraschung sah ich, wie die Schlange auftauchte und zügig auf das Ufer zuschwamm. Ich hatte keine Ahnung gehabt, dass Schlangen schwimmen können.

»Hummel, dreh bei!«, rief Neva von vorn. Ihre Stimme klang superpanisch. Mein kleinster Bruder hatte keine Ahnung, was er tun sollte. Er fummelte an der Lenkung herum, aber das Boot schien nicht auf seine Versuche zu reagieren. Es legte sich gefährlich schräg. Neva und Jo machten irgendwas mit den Seilen, aber eigentlich versuchten wir alle nur, nicht ins Wasser zu fallen.

Nach ein paar Minuten, die sich wie Stunden anfühlten, legte sich der Wind ein wenig. Das Boot richtete sich wieder auf und ich konnte sehen, wo wir gelandet waren. Das Ufer war sehr weit weg. Die ganze Insel war weit weg. Wir fuhren immer noch ziemlich schnell und bewegten uns weiter in Richtung des offenen Meeres. War das der Plan?

»Neva, sind wir noch auf der Route, die du fahren wolltest?«, wagte ich zu fragen.

Neva wirkte ziemlich aufgelöst. Die Mütze war ihr

vom Kopf gefallen und ihre Haare standen wild in alle Richtungen ab. Sie hatte knallrote Wangen und ihr Pullover war durchweicht. Wir alle hatten eine Menge Wasser abbekommen.

Sie sah mich an. »Das lief etwas anders als gedacht«, gab sie zu. »Lass uns das Segel einholen. Es ist sicherer, mit Motor zu fahren.«

Gemeinsam versuchten wir, das Segel zu reffen, aber es klappte nicht. Der Wind kam in Böen. Mal konnten wir halbwegs in Ruhe arbeiten, dann wieder kippte das Boot und wir mussten uns festhalten, um an Bord zu bleiben. Immer weiter trieben wir von der Insel weg.

»Da vorn sind die Untiefen!«, rief Ante plötzlich.

Ich strengte mich an zu sehen, was er meinte. In einiger Entfernung ragten kleine Felsen aus dem Meer. Auf einem von ihnen stand ein winziger Leuchtturm. Eigentlich war es ein schöner Anblick, aber Neva und Ante wirkten sehr besorgt.

»Wir müssen unbedingt das Boot unter Kontrolle bringen«, zischte Neva zwischen den Zähnen hervor. »Ante, du gehst ans Steuer. Halte uns so weit wie möglich von den Felsen fern! Und wir müssen es jetzt endlich schaffen, das Segel einzuholen.«

Hochkonzentriert arbeiteten Jo, Neva und ich daran, das riesige, flatternde Tuch zu bändigen. Ich wunderte mich wirklich sehr, dass Neva nicht genau wusste, was zu tun war.

Hummel stand vorn im Boot und hielt Ausschau nach Felsen. Immer mehr davon tauchten in unserem Sichtfeld auf.

Endlich hatten wir es geschafft, das Segel wieder so am Mast zu befestigen, dass es dem Wind keine Angriffsfläche mehr bot. Trotzdem trieben wir noch auf die Felsen zu, obwohl Ante sein Bestes tat, um davon wegzusteuern.

»Die Strömung ist megastark«, meldete er kläglich. »Wir brauchen den Motor, um wegzukommen.«

Neva nickte und ich kletterte in den hinteren Teil des Bootes.

»Gleich da vorn ist was im Wasser …«, warnte Hummel.

Neva warf ihm einen gehetzten Blick zu und begann dann, hektisch am Motorblock zu fummeln.

»Nach links!«, rief Hummel und zeigte nach rechts.

Das Boot schlingerte etwas, bewegte sich aber weiter auf die Felsen zu.

Endlich hörte ich das Plumpsen, mit dem Neva den Antrieb wieder ins Wasser senkte. Sie zog an der Schnur und ich wollte gerade aufatmen. Da gab es ein lautes Knirschen, das im ganzen Boot zu spüren war. Etwas splitterte.

»Nein!«, schrie Neva verzweifelt.

Mit einem kräftigen Ruck wurde unser Boot gegen einen Felsen gedrückt, der kaum über die Wasseroberfläche hinausragte. Eine Möwe flatterte mit einem empörten Kreischen weg.

Neva ließ sich auf die Sitzbank fallen und senkte den Kopf. »Das war's«, murmelte sie. »Wir hängen fest. Die Schraube ist kaputt.«

Hummel machte ein fragendes Gesicht. »Welche Schraube?«

»Ich glaube, sie meint das Teil, das am Motor befestigt ist und das Boot antreibt«, versuchte Ante zu erklären.

Neva bestätigte es mit einem Nicken.

Einen Moment lang war es still im Boot. Keiner wusste, was er sagen sollte. Es fühlte sich komisch an, so weit weg vom Ufer auf einem Felsen festzuhängen. Aber der Tag war schön: blauer Himmel, nicht zu heiß, glitzerndes Wasser. Gefährlich kam mir unsere Situation nicht direkt vor. Neva würde sich doch bestimmt erinnern, wie das mit dem Segel funktionierte. Dann konnten wir ganz in Ruhe zum Land zurücksegeln, wenn sie uns zuvor erklärte, was wir tun sollten.

Das ganze Chaos war ja nur entstanden, weil wir alle durch die Schlange in Panik geraten waren, oder?

Jo brach das Schweigen als Erster. »Was machen wir jetzt?«

»Warum hast du die Schlange mitgebracht?«, fuhr Neva ihn an. »Bist du verrückt? Wegen dir sind wir hier aufgelaufen!«

Jos Gesicht lief rot an. »Wie bitte? Ich soll jetzt schuld sein? Kann ich etwas dafür, dass ihr alle wegen einer harmlosen Natter so ausrastet?«

»Harmlose Natter!«, schimpfte Ante nun. »Es gibt mehr als zehn verschiedene Schlangenarten auf der Insel. Als ob du wüsstest, welche davon harmlos sind!«

»Nur Hornotter, Kreuzotter und Wiesenotter sind giftig«, erklärte Jo stolz. »Das war eine Vierstreifennatter. Ich wollte sie zu Hause noch fotografieren und ein bisschen genauer anschauen. Dann hätte ich sie freigelassen. Aber Emmi musste sie ja ins Wasser werfen!«

»Das Vieh war riesig!«, verteidigte ich mich heftig. »Und Ante hatte wirklich Angst.«

»Nicht nur ich«, versetzte Ante.

Jo grinste. »Das ist die größte Schlangenart Europas. Die können fast zweieinhalb Meter lang werden! Dafür war es wirklich eine kleine. Ihr hättet echt mal ruhig bleiben müssen. Dann wäre überhaupt nichts passiert.«

»Das ist jetzt nicht dein Ernst.« Neva funkelte Jo wütend an. »Du bringst so ein Tier mit an Bord und lässt es aus deiner Tasche schlüpfen. Und dann gibst du uns anderen die Schuld, weil wir panisch werden?«

Schulterzuckend erwiderte Jo ihren Blick. »Ich hab doch gesagt, dass sie harmlos ist.«

»So harmlos, dass jetzt unser Motor kaputt ist und wir auf einer Felsbank festhängen.« Neva raufte sich verzweifelt die Haare.

»Daran ist doch nicht die Schlange schuld ...«

»Halt die Klappe, Jo!«, fauchte ich. Es machte mich richtig wütend, dass er seinen Fehler auf die anderen abwälzen wollte. Außerdem nützte es uns nichts, wenn wir uns gegenseitig Vorwürfe machten. Wir mussten eine Möglichkeit finden, von diesen Felsen wegzukommen.

»Das Boot ist aber noch ganz, oder?«, fragte ich deshalb.

Neva nickte. »Zumindest scheint es kein Leck zu geben.« Am Boden des Kahns waren zwar kleine Wasserpfützen entstanden, aber das kam von der wilden Fahrt. »Es ist allerdings gefährlich, wenn wir hierbleiben. Wenn das Wasser noch ein bisschen sinkt und das Boot an den Felsen reibt, kann es kaputtgehen.«

»Wieso sollte denn das Wasser sinken«, fragte Hummel irritiert. »Hast du nicht gestern gesagt, es würde steigen?«

Genervt winkte Neva ab. »Das ist was ganz anderes. Jetzt meine ich die Gezeiten. Ebbe und Flut, du weißt schon.«

Hummel brummte: »Ich dachte, das gibt's nur an der Nordsee.«

»Das gibt es in jedem Meer, aber du hast schon recht: Hier im Mittelmeer sind die Gezeiten nur schwach. Aber selbst dreißig Zentimeter Unterschied machen für uns hier schon Probleme. Entweder laufen wir auf Grund oder die Strömung zieht uns noch weiter raus.«

Wir schauten alle besorgt in die Ferne. In Richtung Horizont waren immerhin einige Boote zu sehen. Wenn wir abtrieben, konnte uns vielleicht jemand retten und an Land schleppen.

»Na gut«, sagte ich schließlich, »erklär uns doch noch mal in Ruhe, wie wir das mit dem Segel machen müssen. Dann schaffen wir das bestimmt. Oder hast du etwa noch eine Schlange in der Tasche, Jo?«

Mein Bruder streckte mir die Zunge heraus. »Nee, aber eine schwarze Witwe«, gab er frech zurück. »Quatsch, natürlich nicht. Komm, Neva, sag uns, was wir tun sollen!«

Neva, das bisher so selbstbewusste Inselmädchen, hockte niedergeschlagen auf der Bootsbank. Sie wirkte auf einmal blass und verloren.

Ante stupste sie an. »Na los. Sag ihnen die Wahrheit«, ermutigte er sie.

Hummel, Jo und ich wechselten verwunderte Blicke. Hatte Neva ein Geheimnis vor uns? Und was sollte das ausgerechnet jetzt für eine Rolle spielen?

Neva starrte eine Weile stumm auf das schimmernde Wasser, das sich zu diesem Zeitpunkt nur sanft auf und ab bewegte. Überrascht stellte ich fest, dass in ihren Augenwinkeln Tränen glitzerten.

»Ich habe euch angelogen«, gab sie plötzlich geradeheraus zu. »Das ist überhaupt nicht mein Boot.«

Wir schnappten nach Luft. Hatten wir, ohne es zu wissen, ein Boot geklaut?

»Und vom Segeln hab ich auch keine Ahnung.«

Als ob der Wind sie verstanden hätte, fuhr eine Böe über das Meer und schob das Boot gegen den Felsen. Hummel kreischte auf.

»Wieso hast du uns dann zu diesem Ausflug überredet?«, wollte Jo wissen. Mir war klar, dass es etwas mit mir zu tun haben musste.

»Und wem gehört das Boot?«

Neva seufzte. Sie fuhr sich, im Versuch, ihre Tränen vor uns zu verbergen, mit dem Handrücken über die Augen. »Das Boot gehört meinem Vater«, beruhigte sie uns. »Ab und zu bin ich auch schon mit ihm gesegelt. Aber er hatte immer das Kommando. Ich dachte, es kann nicht so schwer sein.«

Immerhin, das bedeutete, dass sie nicht komplett ahnungslos war. Das bewies ja auch der Beginn unserer Fahrt. Allerdings saßen wir jetzt trotzdem fest. Und sie hatte offenbar keine Idee, wie wir zurück ans Land kommen konnten.

»Ich wollte euch einfach beeindrucken«, redete sie weiter. »Es war cool, wie begeistert ihr alle von meinem Wissen über die Legende und die Ozeane wart.«

»Das finde ich auch immer noch richtig gut«, sagte ich. Ich wollte sie trösten. Wenn jemand weint, tut er mir leid. Egal, was vorher war.

Sie sah mich erstaunt an. »Du? Du warst doch die Einzige, die das alles nicht interessiert hat!«

»Doch, klar hat es mich interessiert.«

»Aber du bist weggegangen!«

»Nur weil du meine Geschwister auf den Turm gebracht hast.«

»Du dachtest, es wäre gefährlich.«

Alle schwiegen.

Das hier war viel gefährlicher.

Wieder rüttelte der Wind am Boot. Es lockerte sich und trieb ein kleines Stück weiter.

»Wir treiben ab!«, warnte Ante.

Aber das Boot klemmte gleich wieder an einem Felsstück fest.

»Warum denkst du, dass du uns beeindrucken musst?«, bohrte ich nach. Wir konnten offenbar sowieso gerade nichts an unserer Lage ändern, also wollte ich zumindest wissen, was mit Neva los war.

»Ach, keine Ahnung.« Sie fing an, eine Strähne ihres braunen Haars um einen Finger zu drehen. »Als ihr angekommen seid, war ich schon sauer auf euch. Diese heile Familie. Mutter, Vater, Kinder. Wow.« Sie stockte. Eine Träne kullerte über ihre Wange. »Dann kam Dora und sagte, dass ich dir Klamotten leihen soll. Dem netten Mädchen. Pah!

Es hat mich wütend gemacht. Einfach so. Ich wollte nichts mit euch zu tun haben. Vor allem nicht mit dir. Dora sagte, du wärst mir total ähnlich. So was Bekloopptes.«

Ich musste ein bisschen lächeln. Ich hatte mich schließlich auch über Dora geärgert.

»Ich fand es auch blöd, dass du gezwungen wurdest, mir deine Sachen zu geben«, sagte ich versöhnlich.

Neva schaute mir ins Gesicht. »Eigentlich wäre das kein Problem gewesen. Aber sie hat gleich so übertrieben nett von euch gesprochen. Das war für mich wie eine Strafe.«

»Warum?«, wunderte sich Hummel, der Neva mit weit aufgerissenen Augen zuhörte.

»Weil ich keine so tollen Eltern und Geschwister hab.« Sie trat mit dem Fuß gegen die Kiste, in der die Rettungswesten gesteckt hatten. »Meine Eltern haben sich vor fünf Monaten getrennt. Sie sagen, sie brauchen eine Auszeit, aber ich glaube, es ist für immer.« Neva schluckte und machte eine kurze Pause, um ihre zitternde Stimme wieder unter Kontrolle zu bringen. »Seitdem sehe ich meinen Vater nur noch am Wochenende«, erklärte sie dann. »Wir wohnen eigentlich in Split. Dort unterrichtet meine

Mutter an der Uni. Mein Vater ist Bauingenieur und wohnt auch in Split. Auf der Insel war ich zuvor nur in den Ferien, wenn wir meine Großeltern besucht haben. Aber jetzt sind meine Großeltern in einer Seniorenresidenz in Split und mein Vater ist hierhingezogen. Alles ist durcheinander. Auf einmal hasse ich die Insel.«

Sie fing jetzt richtig an zu weinen. Ich stand auf und kletterte zu ihr nach hinten auf die Bank. Sie ließ sich von mir umarmen, als wären wir in Wirklichkeit doch perfekte beste Freundinnen.

Und irgendwie wurden wir das in diesem Moment auch.

Die Rettung

Es ist überhaupt nicht romantisch, auf einer einsamen Insel festzusitzen.

Gut, es war keine große Insel, mit Palmen und so, sondern nur ein Felsen, dessen Spitzen ein paar Zentimeter aus dem Wasser ragten. Wie bei einem Eisberg, nur ohne Eis. Ante nannte es »die Untiefen«, aber für mich war es eine Insel. Sie war groß genug, um unser Boot zu beschädigen und es davon abzuhalten, auf das offene Meer abzutreiben. Andererseits war sie zu klein, um uns Platz zum Aussteigen zu bieten.

Wir hingen fest und konnten nichts tun.

Keiner von uns hatte etwas Überlebenswichtiges dabei.

Neva kramte ein Handy aus der Westentasche, aber es hatte keinen Empfang, weder mobile Daten noch Telefonnetz. So einsam war die Insel.

Jo hatte zwar eine Wasserflasche in der Tasche, aber die war schon halb leer. Nachdem Neva uns ihre Geschichte erzählt hatte, teilten wir uns alle das bisschen Flüssigkeit. Mittlerweile war es fast Mittag und die Sonne brannte ziemlich heiß auf uns herab.

Wir versuchten, die in der Ferne vorbeiziehenden Boote durch Winken und Rufen auf uns aufmerksam zu machen, aber es war hoffnungslos. Sie waren alle viel zu weit weg.

»Im Sommer gibt es hier viel mehr Segelyachten und Katamarane«, erzählte Neva. »Aber jetzt im Frühjahr sind noch nicht so viele Touristen unterwegs.«

Hummel und Ante verloren als Erste den Mut. Es fing damit an, dass mein kleinster Bruder Hunger bekam. Dann sagte Ante, er habe Kopfschmerzen. Wir schlugen den beiden vor, dass sie sich unter die Bänke legen sollten, damit sie aus der Sonne heraus waren. Leider ging das nicht lange gut. Es war natürlich unbequem, außerdem wurden sie wieder nass.

Als Nächstes bekam Jo Panik.

Der Wind war deutlich stärker geworden und das Boot schabte an den Felsen.

Jo krallte die Hände um die Reling und starrte auf das Meer, wie Ante vorhin auf die Schlange. »Weißt du nicht, wie schnell Boote sinken können?«, presste er, an Neva gewandt, zwischen zusammengepressten Lippen hervor. »In den Nachrichten wird ständig berichtet, dass Flüchtlinge im Mittelmeer mit ihren Booten verunglücken ...«

»Jetzt hör auf, Jo!«, fuhr ich ihn an, weil ich sah, wie verängstigt Hummel guckte. »Das bringt uns nicht weiter.«

Dass er daraufhin nicht weiter mit mir diskutierte, bewies, dass er wirklich Angst hatte.

Neva und ich fühlten uns komischerweise auf einmal stark. Ich konnte verstehen, warum es ihr so wichtig gewesen war, uns etwas zu beweisen, und bewunderte ihre Ehrlichkeit. Weil wir die beiden Ältesten im Boot waren, beschlossen wir, tapfer zu bleiben. Zu zweit geht das besser als allein.

Wir überlegten, ob es sicherer wäre, einfach auszusteigen und auf den größeren Felsstücken auf Rettung zu warten. Allerdings wäre das noch riskanter gewesen, wenn das Boot davongeglitten wäre. Es war kaum Platz für uns alle und nirgends gab es Schatten.

Neva lieh Ante ihre Mütze und ich setzte mich zu den beiden Jungen auf die Bank. Ich versuchte, sie mit Geschichten abzulenken. Als das nicht mehr funktionierte, zählte ich alles auf, was ich über das

Überleben wusste: wie viele Tage man ohne Süßwasser auskommen konnte und solche Sachen. Jo wurde von Neva beschäftigt. Zuerst rollten sie die Seile ordentlich auf, dann hielten sie gemeinsam Ausschau nach Booten.

Gerade als ich dachte, dass wir für immer und ewig an diesem Felsen festhängen würde, schrie Neva plötzlich auf. »Ein Boot!«, brüllte sie und alle sprangen auf ihre Füße.

Unser Boot schwankte bedenklich.

»Da! Es kommt genau auf uns zu!«

Wir konnten es alle sehen. Ein breites Fischerboot hielt auf uns zu. Es war motorisiert. Sein Brummen kam immer näher. Jetzt konnten wir an Deck auch mehrere Menschen ausmachen.

»Das ist Pietro!«, jubelte Neva. »Der Fischer aus dem Dorf. Guckt doch, er hat uns gesehen. Er rettet uns!«

»Hier sind wir!«, schrien Ante und Hummel aus voller Kehle. Sie standen auf der Bank und winkten. »Hier sind wir!«

Es dauerte ziemlich lange, aber endlich war das Boot nahe an uns herangekommen. An Bord waren jede Menge Menschen. Als Erstes erkannte ich Lany. Sie trug eine knallrote Rettungsweste und wedelte ebenfalls wild mit den Armen. Hinter ihr stand Sam. Er passte auf, dass sie nicht ins Wasser fiel. Neben ihnen entdeckte ich Mama.

Okay, dachte ich. *Der geheime Ausflug ist nicht mehr geheim.*

Das war aber auch vollkommen egal, denn wir wurden gerettet.

Papa stand neben dem alten Mann im Steuerhäuschen, den Neva Pietro genannt hatte. Er gab Papa ein Megafon.

»Mannschaft auf der *Lucia*«, tönte es zu uns herüber. »Wir können nicht näher kommen. Die Felsen!«

Wir nickten verstehend.

»Wir schicken euch das Beiboot! Bleibt ruhig und wartet ab.«

Papa gab das Megafon zurück und begann, gemeinsam mit Pietro ein kleines Ruderboot ins Wasser zu lassen, das hinten am Fischerkahn befestigt war. Pietro warf den Anker aus. Hatten wir eigentlich auch einen?

Schließlich befestigte der Fischer noch ein Seil an seinem Schiff und warf eine dicke Rolle davon in das Ruderboot. Papa und Sam ruderten in unsere Richtung los. Dabei rollte sich das Seil immer weiter ab.

»Ich glaube, Pietro will uns abschleppen«, vermutete Neva.

Ich nickte, hatte aber nur Augen für Papa und Sam. Seit wann konnte Papa so gut rudern? Und wie hatten sie uns gefunden?

Endlich kam das kleine Boot bei uns an. Papa stieg zu uns herüber und befestigte das Seil ganz vorn an der *Lucia*.

Dann warf Hummel sich in seine Arme. »Ich dachte, wir sterben«, jammerte er.

»Er übertreibt!«, murmelte Jo. »Aber es ist so schön, dass ihr hier seid!«

Papa grinste. Er wirkte sehr erleichtert. Mir war klar, dass es zu Hause noch ein ernstes Gespräch geben würde, aber erst einmal war alles wieder gut.

»Hummel und Ante, ihr geht als Erste ins Boot«, wies Papa an. »Wir holen euch alle auf Pietros Schiff. Dann schleppen wir die *Lucia* zurück in die Bucht. Ist sie kaputt?«

»Sie leckt nicht«, erklärte Neva rasch. »Aber der Antrieb ist Schrott.«

»Alles klar. Los, Jungs, klettert rüber.«

Es war eine ziemlich wackelige Angelegenheit und dauerte eine ganze Weile, bis wir alle an Bord des Fischerkahns waren. Am liebsten hätte ich mich direkt von Mama umarmen lassen, aber ich dachte an Neva. Man sah ihr an, dass sie ein schrecklich schlechtes Gewissen hatte. Außerdem war von ihrer Familie niemand da. Also stellte ich mich neben sie und freute mich, dass Lany uns beide knuddelte.

Mama kam zu uns herüber, sobald sie Hummel beruhigt hatte. »Ihr habt es Lany zu verdanken, dass wir euch gefunden haben.«

Lany strahlte über das ganze Gesicht.

»Wirklich?«, fragte ich erstaunt. »Wie hast du das denn geschafft?«

Gemeinsam berichteten Mama, Lany und Sam, was passiert war. Währenddessen tuckerte der Fischerkahn gemächlich in Richtung Insel. Die *Lucia* glitt still an dem Seil hinterher wie ein braves Hündchen an der Leine. Es war so friedlich, als wäre nie etwas Aufregendes passiert. Dabei hatten wir offenbar eine ganze Menge Leute in Angst und Schrecken versetzt.

»Lany hat Mama und Papa geweckt, bevor sie euren kleinen Zettel lesen konnten«, erzählte Sam.

»Ja, ich musste ihnen doch sagen, dass ihr die versunkene Stadt finden wollt, bevor wieder ein Erdbeben kommt«, ergänzte Lany eifrig.

»Das hat sie nicht wirklich so gesagt, oder?«, fragte ich entsetzt.

Mama lachte. »Doch, so in etwa wurden wir geweckt. ›Hummel, Jo und Emmi fahren mit dem Boot aufs Meer und suchen die versunkene Stadt!‹, hat Lany gesagt. Und als ich fragte, wann und mit welchem Boot, da meinte sie: ›Sie sind schon weg, weil bald das Erdbeben kommt, und dann gehen alle unter.‹«

Neva schlug die Hände vors Gesicht. Ich wusste nicht, ob ich lachen oder im Boden versinken sollte. Lany hatte also doch zugehört, als wir den Ausflug geplant hatten. Nur war dieser in der Version einer Fünfjährigen schon von Anfang an dramatischer, als wir es uns eigentlich vorgenommen hatten.

»Was habt ihr denn in Wirklichkeit vorgehabt?«, wollte Mama wissen.

Ich warf Neva einen fragenden Blick zu. Wollte sie, dass ich die ganze Geschichte erzählte? Sie nickte und ich erklärte: »Neva wollte uns die Küste zeigen. Sie weiß echt viel über das Meer und wie es sich mit der Zeit verändert. Es gibt da diese coolen Legenden darüber, dass es hier im Meer versunkene Städte und Straßen gibt.«

»Mein Vater hat mich in den Ferien manchmal mitgenommen, wenn er rausgefahren ist. Ich dachte, ich würde das Boot auch ohne ihn beherrschen«, fügte Neva kleinlaut hinzu. »Aber dann sind wir an diesen Felsen hängen geblieben …«

»Da war dieser Wind und außerdem hat uns die Schlange mega erschreckt!«, brachte ich zu unserer Verteidigung hervor.

Mama machte ein verwirrtes Gesicht. »Welche Schlange?«

»Jo hatte eine in der Umhängetasche«, antwortete ich schulterzuckend.

Sam brach in schallendes Gelächter aus. »Das hätte ich eher Hummel zugetraut. Oder ist die Schlange da zufällig reingekrochen, ohne dass Jo es wusste?«

»Nein«, erklärte ich kopfschüttelnd, »er hat sie beim Pinkeln gefunden.«

»Oh«, machte Mama und zog die Augenbrauen hoch. Mehr fiel ihr dazu in diesem Augenblick wohl nicht ein.

Lany sah beleidigt aus. »Ich hätte vor einer Schlange keine Angst«, behauptete sie überzeugt. »Ich finde es gemein, dass ihr mich nicht mitgenommen habt!«

Jetzt richtete Neva sich auf und breitete die Arme aus, so weit sie konnte. »Die Schlange war sooooo lang! Und sie ist ganz schnell auf deine Geschwister zugekrochen. Dabei hat sie gezischt: Zssss! Zsss!«

Lany machte einen Schritt zurück und lachte. »Mir egal, ich mag Tiere.«

»Jaja«, wehrte Sam ab. »Wer nicht dabei war, hat gut reden. Also seid ihr auf diesem Felsdings gestrandet. Wir haben uns zu Hause inzwischen echt Sorgen gemacht.«

»Eigentlich haben nur Mama und Lany Panik geschoben«, mischte Papa sich jetzt in das Gespräch ein.

Hummel stand neben ihm und futterte Kekse. Ich hatte zwar auch Hunger, wollte aber lieber erst an Land essen. Außerdem reichte die Packung kaum für die drei hungrigen Jungs, die sie sich teilten.

»Ich habe deinen Zettel gesehen und wollte erst mal abwarten, ob ihr vielleicht wirklich nach dem Frühstück zurückkommt.«

»Danke für dein Vertrauen«, murmelte ich.

Wir wären zwar sonst vermutlich schon zwei Stunden früher gerettet worden, aber ich fand das toll von Papa.

»Wir haben also in Ruhe gefrühstückt und abgewartet.«

»Es gab Brötchen«, berichtete Lany stolz. »Die waren richtig lecker!«

Mein Magen knurrte. Das Schiff war der Insel inzwischen schon so nahe gekommen, dass ich das Dorf und den Pier sehen konnte. Über uns kreisten wieder Möwen. Ich denke, sie waren scharf auf Hummels Kekse.

»Gegen halb elf wurden wir aber doch unruhig«, erzählte Sam weiter. »Wir hatten keine Ahnung, wo und mit welchem Boot ihr unterwegs sein könntet. Das heißt, wir dachten uns schon, dass es das Boot sein musste, das Neva uns gestern gezeigt hat. Aber ehrlich gesagt konnte ich mich nicht erinnern, wie das aussah.«

Wir durchquerten die Bucht und hielten auf den Pier zu. Auf dem langen Holzsteg standen zwei Menschen. Der eine war Oskar. Den anderen hatte ich noch nie gesehen. Aber Neva stand stocksteif neben mir und wirkte, als hätte sie Angst.

»Das ist mein Vater«, flüsterte sie mir zu. »Ich werde so was von Ärger bekommen.«

Obwohl ich nun immer noch nicht wusste, wie meine Familie uns gefunden hatte, konzentrierte ich mich jetzt ganz auf Neva.

»Ich halte zu dir, okay?«, versuchte ich ihr Mut zu machen. »Schließlich hab ich ja bei der Sache mitgemacht.«

Langsam glitt das Boot auf den Pier zu. Mit einem

sanften Stupser drückten die Fender gegen den Steg. Pietro warf Nevas Vater ein Seil zu und das Fischerboot wurde an einem Poller vertäut. Dann stieg der Fischer aus dem Boot und die beiden Männer zogen gemeinsam die *Lucia* heran.

Wir alle kletterten von Bord und waren froh, wieder festen Boden unter den Füßen zu haben.

Neva folgte als Letzte.

Das Eva-Problem

Ziemlich verloren stand Neva auf dem Steg und wartete, bis ihr Vater und Pietro mit den Booten fertig waren. Die beiden Männer begutachteten die *Lucia*. Sie sahen sich den Schaden am Antrieb an. Dabei unterhielten sie sich die ganze Zeit auf Kroatisch. Es klang aufgebracht.

Meine Familie wollte gehen. Papa hatte Pietro schon unterwegs dafür gedankt, dass er uns gerettet hatte. Später erzählte er, dass er ihm auch Geld dafür angeboten hatte, aber Pietro meinte, eine Rettung sei immer eine Herzenstat.

»Geht ruhig schon«, sagte ich zu Mama. Ich sah, wie quengelig Lany wurde. Es war schon Nachmittag und sie musste ein bisschen schlafen. »Ich komme nach, sobald Neva nach Hause geht, okay?«

Zum Glück waren meine Eltern einverstanden und so zogen sie mit meinen Geschwistern ab. Es wurde wieder ruhig am Steg. Das Dorf schien eine Art Mittagsschlaf zu halten. Überhaupt sah man hier viel weniger Menschen auf der Straße als bei uns zu Hause.

Ich stellte mich neben Neva, die sehr bedrückt wirkte. »Was meinst du, wie wird er reagieren?«

Neva zuckte mit den Schultern. »Keine Ahnung«, gab sie zurück und biss nervös auf ihrer Lippe herum. »Er wird nicht gerade begeistert sein, dass ich seinen Antrieb geschrottet habe. Außerdem ist es schlecht, dass er hier ist. Das bedeutet, er musste meinetwegen von der Arbeit weg. Seine Chefin sieht das überhaupt nicht gern.«

Nun standen wir beide unruhig da. Die Männer machten sich an den Seilen zu schaffen, sicherten die *Lucia* und packten die Rettungswesten weg. Ich hätte gern geholfen, traute mich aber nicht zu fragen. Neva bewegte sich überhaupt nicht. Nur ihre Finger zitterten.

Endlich stieg Pietro aus dem Boot. Er kam auf Neva zu und legte ihr seine schwielige Hand auf die Schulter. »In Sommerferien lernst du Segeln«, sagte er in kantigem Deutsch. Er klopfte ihr auf den Rücken und ging mit großen Schritten davon.

Neva ließ den Kopf hängen. Jetzt waren wir mit ihrem Vater allein. Der saß im Boot auf der mittleren Bank und sah zu uns herüber.

»Kommt mal her, Mädels«, bat er. Es klang gar nicht so unfreundlich.

Neva zögerte. Eine Möwe landete auf dem hinteren Geländer von Pietros Boot und kreischte, als wolle sie Neva Mut zusprechen.

Schließlich setzte Neva sich in Bewegung. Ich folgte ihr und wir nahmen ihrem Vater gegenüber Platz.

Die Bank war warm, aber Nevas Hand, die dicht neben meiner lag, eiskalt.

Eine Weile war es still. Nur das Plätschern der Wellen war zu hören und der Wind pfiff wieder von den Hügeln der Insel herunter in Richtung Meer.

»Es ist nicht leicht zu segeln, wenn die Bora weht«, begann Nevas Papa und strich sich ein paar Strähnen seines braunen Haares aus der Stirn, das der Wind dorthin blasen wollte.

Nava senkte den Blick noch mehr. Sie starrte auf die Bodenplanken der *Lucia* und sah aus, als würde sie gleich weinen.

»Ich bin froh, dass euch nichts passiert ist.«

»Es war dumm von mir«, presste Neva heraus und schluckte. »Ich habe alle in Gefahr gebracht.«

Nevas Vater lächelte. Es bildeten sich kleine Fältchen um seine grauen Augen. Auf mich wirkte er sehr sympathisch. »Du hast schon klügere Entscheidungen in deinem Leben getroffen«, gab er zu und griff nach den Händen seiner Tochter. »Aber ich bin sicher, dass du etwas daraus gelernt hast.«

»Zum Beispiel, dass ich jetzt ein Jahr lang kein Taschengeld mehr bekomme, weil ich den Motor kaputt gemacht habe, oder?«, fragte sie zurück. Ihre Stimme wackelte noch, aber Neva hob den Blick. Ihre Augen begannen schon wieder ein kleines bisschen zu funkeln.

»Hmmm«, machte ihr Vater. »Das wäre eine Idee. Aber eigentlich dachte ich eher, dass du einen Segelschein machst, bevor du Passagiere durch die Bucht manövrierst.«

»Ach, Papa«, seufzte Neva erleichtert und fiel ihm um den Hals. »Ich dachte, du wärst superböse auf mich.«

Er nahm sie in den Arm und drückte sie fest. Ich musste beinahe heulen, so froh machte mich das.

»Im ersten Moment war ich das auch. Als Pietro mich angerufen hat, bin ich ziemlich wütend ins Auto gestiegen. Aber dann fiel mir ein, was alles hätte passieren können. Und ... na ja. Dann dachte ich, dass ich irgendwie auch mit an der ganzen Geschichte schuld bin.«

»Wieso denn das?«, rutschte es mir heraus. Ich bin ziemlich gut darin, wichtige Situationen durch unangebrachte Kommentare zu zerstören. Ups.

Die beiden lösten sich aus ihrer Umarmung und schauten mich an.

»Er meint, weil ...«, begann Neva und ihr Vater fuhr fort: »... weil ich sie in ihren Ferien die ganze Zeit allein gelassen habe. Sie wollte eigentlich in Split bei ihren Freunden bleiben, aber ich habe darauf bestanden, dass sie zu mir kommt.«

»Er hat versprochen, dass wir zusammen segeln.«

»Ja, das habe ich. Stattdessen war ich die ganze Zeit auf der Baustelle. Da muss ich auch jetzt eigentlich dringend wieder hin ...«

»Hast du denn schon Mittag gegessen?«, fragte Neva ihn.

Seine Augen wurden dunkler. »Nein, ich hatte keine Zeit ...«

»Gut, dann nimmst du mich mit. Wir kaufen uns eine Pizza, bevor du weitermachst. Das dauert nur eine halbe Stunde länger und ich bin sicher, du hast es dir verdient!«

Er lächelte. »Gut, machen wir es so. Aber ich werde erst spät Feierabend machen können. Fährst du mit dem Bus zurück?«

»Ich verspreche, nicht die *Lucia* zu nehmen«, scherzte Neva.

Wir standen auf und kletterten wieder auf den Steg. Ich war froh, dass das Gespräch so gut verlaufen war. Ob meine Eltern auch noch entspannt bleiben würden, wenn sie sich von dem ersten Schreck erholt hatten?

Hand in Hand liefen Neva und ihr Vater vor mir her zum Strand. Ich freute mich wirklich für sie. Gleichzeitig war ich aber auch ein bisschen traurig. Irgendwie hatte ich gehofft, dass wir den Rest des Tages noch zusammen verbringen würden. Jetzt sah es so aus, als könnte Neva mich gleich wieder vergessen.

Das Auto ihres Vaters stand an der Straße, die bis zum Strand führte. Es war ein schwarzer BMW, blitzblank geputzt. Arm war Neva also sicher nicht.

Sie drehte sich zu mir um, bevor sie die Beifahrertür öffnete. »Danke«, sagte sie und strahlte mich an. »Ich hätte nicht erwartet, dass du mir beistehst.«

Verlegen rieb ich mir den Nacken und murmelte: »Ist doch selbstverständlich.«

»Nein, ist es nicht. Ich war doof zu dir und du hast trotzdem nett reagiert. Das macht nicht jeder.«

Wir sahen uns in die Augen. Komisch, es fühlte sich an, als würden wir uns schon ewig kennen. Vielleicht ist das so, wenn man gemeinsam auf einer Art einsamen Insel überlebt hat. Auch wenn es nur drei Stunden waren.

»Hast du Lust, nachher auch in die Stadt zu kommen?«, fragte sie. Es klang hoffnungsvoll.

»Ich weiß nicht, was meine Eltern vorhaben.«

»Frag sie, ob ihr nach Zrce Beach fahren könnt. Dort arbeitet Papa. Ich kann euch bestimmt die Baustelle zeigen und dann suchen wir am Strand nach Schmuck, wenn ihr noch wollt. Ich hole mir den Metalldetektor von meinem Onkel. Was sagst du?«

Ich hatte Lust. Natürlich! Nur was meine Eltern dazu sagen würden, das wusste ich nicht.

»Aber wie soll ich dir sagen, ob es klappt? Und wo finden wir dich?«

»In Zrce funktioniert mein Handy. Sam hat doch auch eins. Wenn er mitkommt, könnt ihr mich einfach anrufen.«

Neva öffnete die Autotür, bückte sich ins Innere, fummelte am Handschuhfach herum und holte eine Visitenkarte heraus. Mit einem Kuli aus ihrer Westentasche kritzelte sie rasch etwas auf die Rückseite. Strahlend hielt sie mir die Karte hin.

»Das ist meine Nummer. Ich warte auf euren Anruf!« Sie schlüpfte auf den Beifahrersitz und schloss die Tür. Dann ließ sie das Fenster herunter und rief: »Ich hoffe, wir sehen uns nachher!«

Ihr Vater wendete den Wagen und die beiden verschwanden in einer Staubwolke. Ich atmete tief durch und machte mich auf den Weg zurück zum Ferienhaus.

* * *

Es roch nach gebratenen Würstchen, als ich durch die Verandatür in die Ferienwohnung trat. Mama und Lany saßen am Tisch und spielten Memory (Lany gewinnt jedes Mal, egal, gegen wen sie spielt). In der Kochecke stand Papa und goss gerade Nudelwasser ab. Hummel und Jo lagen auf dem Sofa und schliefen. Auf dem Couchtisch lag ein dickes, aufgeschlagenes Buch. Es war ein Naturführer und ich erkannte die Schlange auf dem Foto auf den ersten Blick.

»Sie ist wirklich ungiftig«, begrüßte Mama mich schmunzelnd, die meinem Blick gefolgt war.

»Gut zu wissen!«, erwiderte ich und stellte meine Turnschuhe in das Schuhregal neben der Tür.

»Aber ich hab Jo nicht zugetraut, dass er davon wirklich Ahnung hat.«

Mama nickte, hatte aber diesen Wir-müssen-über-diese-Sache-noch-reden-Gesichtsausdruck. Ich versuchte, ein bisschen Zeit zu gewinnen. Irgendwie war mir noch nicht klar, wie ich meinen Eltern die ganze Sache erklären sollte.

»Riecht lecker!«, rief ich Papa zu.

Der drehte sich zu mir um. »Wenn du deine Hände gewaschen hast, kannst du gleich den Tisch decken.«

Ich wollte meckern, dass ich müde sei und Sam das ja schließlich auch machen könne. Aber das kam nicht gut, weil ich eigentlich wahrscheinlich Ärger verdient hätte. Außerdem musste ich meine Eltern noch überreden, mit uns nach ... oh nein, ich hatte den Namen des Ortes vergessen!

Schnell lief ich ins Bad und ließ kaltes Wasser über meine Hände laufen. Durstig war ich auch. Wo war eigentlich Sam?

Ich entschied mich, eine Sache nach der anderen anzugehen.

Zuerst holte ich mir ein Glas Wasser, dann deckte ich den Tisch. Ich hatte wirklich Hunger. Wenn alle gegessen hatten, konnte ich auch viel besser mit meinen Eltern über die Pläne für den Rest des Tages reden. Papa würde ab morgen in Zadar arbeiten.

Hoffentlich hatten sie nicht ausgerechnet für heute eine Inseltour oder so was vor.

Als ich die letzte Gabel auf dem Tisch platziert hatte, kam Sam aus seinem Schlafzimmer. Ich wette, er hat einen siebten Sinn für so was. Er bleibt immer so lange in sicherer Entfernung, bis die Arbeit erledigt ist. Dann schlendert er herbei und sagt: »Oh, ist ja schon alles fertig. Ich hätte auch helfen können.«

Genau das sagte er auch diesmal. Ich hätte ihm beinahe die Zunge herausgestreckt, aber mir fiel noch rechtzeitig ein, dass ich nett sein wollte.

»Du kannst nachher den Abwasch machen«, bot ich ihm liebenswürdig an.

Er grinste nur.

Papa stellte eine dampfende Schüssel voller Nudeln auf den Tisch.

»Essen ist fertig!«, verkündete er.

Es war kurz vor drei am Nachmittag. Unser kleiner Ausflug hatte vermutlich die Tagesplanung meiner Eltern ziemlich durcheinandergebracht.

Bei dem Stichwort »Essen« rappelte Jo sich vom Sofa auf. Seine Haare waren noch strubbeliger als sonst und seine Wangen und seine Nase leuchteten rot. Oh, oh, er hatte einen Sonnenbrand. Ich etwa auch? Mit den Fingern berührte ich mein Gesicht. Ja, das war heiß und tat ein bisschen weh.

Mama hob die Augenbrauen. »Ihr braucht alle eine beruhigende Creme«, stellte sie fest. Sofort holte sie etwas aus dem Badezimmer.

Ich fand es schön, so versorgt zu werden, aber viel lieber wollte ich essen.

Als wir endlich alle am Tisch saßen, knurrte mein Magen lauter, als Sam das Tischgebet sprechen konnte.

Hummel schlief die ganze Zeit weiter. Er war total kaputt. Mama vermutete sogar, dass er einen Sonnenstich hatte. Nicht die beste Voraussetzung für eine weitere Aktion heute Nachmittag.

Papas Nudeln mit Würstchen in Tomatensoße schmeckten himmlisch. Ich schaufelte so viel in mich hinein, wie ich sonst nie aß. Hinterher tat mir der Bauch weh. Ich wurde auch sehr müde beim Essen. Trotzdem wollte ich unbedingt nach ... mir fiel immer noch nicht wieder ein, wie der Ort hieß.

Mama und Papa redeten überhaupt nicht über die Sache mit dem geheimen Ausflug. Ich wunderte mich, war aber ganz froh darüber.

Als alle aufgegessen hatten, brachte ich mein Anliegen zur Sprache.

»Also, ich finde ja, dass ihr eure Pläne heute schon ganz ausreichend in die Tat umgesetzt habt«, gab Mama ein bisschen zynisch zur Antwort.

Papa nickte zustimmend. »Wir hatten ursprünglich auch die ein oder andere Idee, wie wir unseren einzigen gemeinsamen Urlaubstag verbringen könnten …«

Ich zog den Kopf ein wenig zwischen die Schultern und sah bestimmt ziemlich schuldbewusst aus. »Tut mir leid«, murmelte ich. »Das ist alles ganz anders gelaufen, als wir dachten.«

Mama stand auf und begann, den Tisch abzuräumen. Ich half ihr und sogar Sam machte freiwillig mit. Er ließ tatsächlich direkt Wasser in die Spüle laufen und begann mit dem Abwasch.

Mama legte mir den Arm um die Schultern und führte mich zum Sofa. »Lass uns mal reden«, sagte sie, während wir in die Polster sanken.

Oh Mann, war ich plötzlich müde. Der Anblick meines immer noch schlafenden Bruders machte es noch schlimmer.

»Ich weiß, dass es dumm von mir war, einfach in dieses Boot zu steigen«, sagte ich schnell. Sie sollte wissen, wie bewusst mir mein Fehler war.

Aber Mama schüttelte den Kopf. »Darum geht es

mir nicht. Weißt du, wir treffen alle mal eine falsche Entscheidung für uns selbst.«

Eigentlich fand ich es jetzt gar nicht mehr so falsch. Etwas richtig Gutes war passiert: Neva und ich hatten Freundschaft geschlossen, wir hatten ein Abenteuer erlebt und alles war gut ausgegangen ...

»Schwierig finde ich, dass ihr Hummel mitgenommen habt. Du weißt, dass er nicht gut schwimmen kann.«

»Aber er wollte unbedingt mit«, protestierte ich. »Und wir haben ihm eine Schwimmweste angezogen!«

»Die viel zu groß für ihn war«, entgegnete Mama streng. »Emmi, du weißt, dass das nicht okay war, oder?«

»Ja. Und es war auch nicht gut, dass wir euch nicht Bescheid gegeben haben. Aber ihr hättet es sonst nie erlaubt!«

»Warum wohl?«, fragte Mama und sah mir tief in die Augen.

Rasch senkte ich den Blick. »Weil es gefährlich war.«

»Ihr beide, Jo und du, wusstet also, dass wir es nicht erlauben würden. Und trotzdem wolltet ihr unbedingt mit Neva auf dieses Boot.«

Jetzt schossen mir Wuttränen in die Augen: »Ja, weil Neva mich sonst für feige gehalten hätte!«

»Und das wäre schlimmer gewesen, als in Seenot zu geraten?«

Ich antwortete nichts. Natürlich war diese Seenot-Sache schlecht. Aber es hatte uns zusammengebracht. Es war ein Abenteuer gewesen. Und schließlich war niemandem etwas passiert – außer dem Boot.

»Lany hat uns heute Vormittag zu Oskar gebracht. Er wollte erst nichts verraten, kannst du dir das vorstellen?«

Ich zuckte mit den Schultern. Oskar war rätselhaft. Ich dachte, er würde uns nicht besonders mögen, aber anscheinend war er sehr loyal.

Mama seufzte und strich mir die Haare aus dem Gesicht, die ich extra dorthin hatte fallen lassen. Ich zog hastig den Kopf weg. Warum mussten wir uns denn jetzt anfangen zu streiten? Ich wusste doch, dass es eine schlechte Entscheidung gewesen war. Oder?

»Ich mag mir einfach nicht vorstellen, was alles hätte schiefgehen können.«

Dann tu's nicht, dachte ich, hielt aber den Mund. Gestern hatte ich mich schließlich selbst in ein

Horrorszenario reingesteigert, als Neva die anderen auf den Turm gebracht hatte.

»Und außerdem macht es mich traurig, dass ihr mir so wenig vertraut.«

»Was hat denn das mit Vertrauen zu tun?«, blaffte ich, obwohl mir gleichzeitig dämmerte, worauf sie hinauswollte.

Mama sah mir ernst in die Augen. Jo, der im Hintergrund am Tisch saß, tat unbeteiligt. Uns war aber allen klar, dass er mithörte und Mama das auch so wollte.

»Na ja, ihr habt uns nichts gesagt, weil ihr dachtet, wir würden es euch verbieten.«

»Hm.«

»Also habt ihr nicht darauf vertraut, dass unsere Regeln gut für euch sind.«

»Och, Mama ... Hier geht's doch nicht um eure Regeln!«

»Um was geht es denn?«

»Darum, dass ... dass ...« Ich suchte nach den richtigen Worten.

Jo kam mir zu Hilfe: »Darum, dass ihr uns den Spaß verdorben hättet«, behauptete er.

Ich weiß nicht, ob ich es auch so drastisch ausgedrückt hätte. Aber irgendwie stimmte es schon.

Mama lächelte. »Ihr denkt also, wir hätten euch den Ausflug verboten, weil wir euch keinen Spaß gönnen?«

Weder Jo noch mir fiel auf diese Frage eine Antwort ein. Natürlich dachten wir das nicht. Es war doch klar, dass es Mama und Papa nur um unsere Sicherheit ging. Dummerweise war genau das der Knackpunkt. Ich hatte mir eingeredet, dass unsere Eltern uns einfach zu wenig zutrauten. Vielleicht hatte ich mich ein bisschen überschätzt.

In unser Schweigen hinein stand Mama auf. Sie strich mir liebevoll übers Haar und ging zu Jo hinüber. »Ich freue mich, dass ihr mit Oskar, Ante und Neva so schnell neue Freunde gefunden habt«, schloss sie das Thema leichthin ab. »Und wisst ihr was? Wir können immer noch einfach der Schlange die Schuld geben. Das hat schon mal ganz gut funktioniert.«

»Bei Adam und Eva in der Bibel, meinst du?«, fragte Jo, der schon wieder sein Ich-verteidige-meine-Schlange-Glitzern in den Augen hatte.

Mama nahm einen Becher aus dem Schrank und goss sich Wasser ein. »Ja genau.«

Jo verschränkte die Arme vor der Brust. »Mama, das ist nicht fair. Schlangen sind tolle Tiere.«

»Sie will doch nur darauf hinaus, dass Adam und Eva im Garten Eden auch etwas Verbotenes gemacht und dann der Schlange die Schuld gegeben haben«, mischte ich mich ein.

Mama schmunzelte und trank den Becher aus.

Jo rollte genervt mit den Augen. »Ja, okay, in der Geschichte hat Eva sich von der Schlange überreden lassen, die verbotene Frucht zu essen …«

»Übrigens die *einzige* verbotene von allen im ganzen Garten«, schlaumeierte Sam, der zwar am Spülbecken stand, aber die Ohren spitze. Er nutzt übrigens immer jede Gelegenheit, seinen Senf dazuzugeben. »Adam und Eva durfte machen, was sie wollten. Nur diese eine Frucht sollten sie nicht essen.«

Jo guckte ihn böse an. »Weiß ich doch.«

»Und warum sollten sie die Frucht nicht essen?«, wollte Lany wissen. »War sie giftig?«

Ich zuckte mit den Schultern. »Nein, giftig war sie nicht. Aber sie machte irgendwie, dass Adam und Eva auf einmal den Unterschied zwischen Gut und Böse erkennen konnten.«

Lany zog die Nase kraus. »Das ist doch wichtig, oder?« Fragend sah sie zu Mama.

Die machte eine Handbewegung, mit der sie mir bedeutete, dass ich es erklären sollte.

Ich knibbelte an den Fransen der Sofadecke herum. »Ich glaube, Adam und Eva sollten eigentlich noch ein bisschen in der heilen Welt leben können. Sie kannten ja nur Gott, und der war gut zu ihnen. So wie ganz kleine Kinder, die nur ihre Eltern kennen und denen einfach vertrauen. Die müssen noch nicht wissen, dass es auch was Böses gibt. Das erfahren sie schon früh genug. Und es ist gut, wenn sie dann schon wissen, wem sie vertrauen können und auf wen sie hören sollten.«

»Also wollte Gott sie beschützen?«

Ich nickte. »Glaub schon.«

Jetzt baute Jo sich wieder vor Mama auf. Er stemmte die Hände in die Hüften und sagte: »Aber das ist doch was ganz anderes als bei uns! Wirklich, in unserem Fall kann die Schlange überhaupt nichts dafür, also lass sie bitte aus dem Spiel! Das mit der Bootsfahrt haben wir ganz allein entschieden.«

Dann fiel ihm Mamas Schmunzeln auf und er merkte, dass es ihr gar nicht um die Schlange ging, sondern um unsere Entscheidung, heimlich etwas Verbotenes zu tun.

Zerknirscht murmelte er: »Tut mir leid, Mama. Beim nächsten Mal fragen wir dich.«

»Mir auch«, fügte ich hinzu. Ich fühlte mich ganz schön mies.

Mama legte die Arme um uns beide und drückte uns liebevoll.

»Wir hätten es sogar erlaubt«, erklärte sie ruhig. »Denn wenn wir gewusst hätten, wo und mit wem ihr unterwegs seid, dann hätten wir passende Schutzwesten besorgt und gleich sichergestellt, dass irgendwer von ferne ein Auge auf euch hat. Aber genug davon. Emmi, triffst du dich heute noch mal mit Neva?«

Ich war ein bisschen überrumpelt von dieser Steilvorlage. Außerdem drehten sich meine Gedanken noch um die Schlange und Adam und Eva. Ich wusste, dass ich darüber noch lange nachdenken würde. An die frische Luft zu kommen und noch etwas anderes von der Insel zu sehen, war jetzt aber eine gute Idee.

»Sie hat vorgeschlagen, dass wir uns irgendwo treffen«, sagte ich schnell. »Aber ich hab vergessen, wie der Ort heißt. Wäre es denn okay für euch?«

»Kommt ganz darauf an, ob dieser mysteriöse Ort auch für uns interessant ist.« Papa war gerade mit Lany von draußen hereingekommen.

Mama warf dem immer noch schlafenden Hummel einen Blick zu. »Ihn würde ich heute vielleicht lieber im Haus behalten«, meinte sie besorgt. »Wir können uns ja aufteilen. Ich bleibe hier und wir machen uns einen ruhigen Abend. Wenn ihr die Gegend erkunden wollt, nur zu.«

Papa sah nicht ganz so begeistert aus. »Ab morgen bin ich ja auch nur abends zu Hause …«

»Dann ist es doch genau richtig, heute was mit den Kindern zu machen«, ermutigte Mama ihn. »Bring uns einfach etwas Leckeres zu essen für heute Abend mit, wenn die Kinder im Bett sind und wir nicht teilen müssen.«

Ein breites Grinsen erschien auf Papas Gesicht.

Sam schaute um die Ecke. »Hat da jemand Essen gesagt?«

»Ja, aber nicht für dich! Also, Emmi, wo will Neva dich treffen?«

»Ich hab's vergessen. Aber ich frage sie schnell. Sie hat mir ja zum Glück ihre Nummer gegeben. Ach so, und ihr Papa arbeitet dort, wo wir uns treffen. Wenn du uns hinfährst, dann könnt ihr euch kennenlernen. Das ist doch toll, oder?«

Ich schenkte ihm meinen allerbesten Hundeblick. Zum Glück funktionierte es und er lachte.

»Na gut, dann ruf sie schon an.« Papa griff bereits nach dem Autoschlüssel. Er mag es, neue Leute kennenzulernen. Ich glaube manchmal, dass er auch ab und zu ein paar Freunde gebrauchen könnte, die mit ihm Boote stehlen. Oder Pferde.

Du weißt schon, was ich meine.

Die Baustelle

Ein paar Minuten später stiegen Lany, Jo, Sam, Papa und ich ins Auto. Wir fuhren nach Zrce, denn das war der Ort, in dem Nevas Vater arbeitete.

Mit dem Auto waren wir echt schnell dort. Per Boot hätte es ewig gedauert, weil die Insel sehr lang ist. Mir gefiel sie immer mehr, obwohl sie so ganz anders war, als ich mir tropische Inseln vorgestellt hatte. Okay, sie liegt ja auch nicht in den Tropen. Es gibt halt einfach keine Sandstrände und auch nicht wirklich Palmen oder so. Eigentlich sah ich aus dem Autofenster wieder nur Felsen, Büsche und ein bisschen Gras. Aber darüber spannte sich dieser blitzblaue Himmel. Das allein war schon wunderschön. Wenn dann noch das Meer in den Blick kam, konnte ich mich einfach nicht sattsehen. Es glitzerte silbern, schimmerte türkis oder strahlte dunkelblau, je nachdem, wie tief es an der Stelle war und wie die Sonne darauf schien.

Am besten gefiel mir, dass es nur wenige Häuser

gab. Alles war so ruhig und irgendwie romantisch einsam. Vom Auto aus gesehen. Ich hätte jetzt auch keine Lust gehabt, dort wandern zu gehen.

Als wir uns Zrce näherten, änderte sich das schlagartig. Auf einmal tauchten Clubs und Hotels auf. Es war irgendwie aufregend, aber es gab mir ein seltsames Gefühl. So, als wäre das zu viel Menschenzeug für die kleine Insel. Allerdings bin ich auch ein echtes Dorfkind und kann mit Großstädten nicht viel anfangen. Meine Freundin Carolina, die in Dresden wohnt, findet das wiederum komisch. Egal, ich erzähle mal weiter.

Wir fuhren durch die Anlage. Irgendwann kam das Wasser wieder in Sicht. Es wirkte hier eher wie ein großer See, weil man ringsherum Land sehen konnte. Der Partystrand lag in einer Bucht. Wie Neva gesagt hatte, waren noch nicht allzu viele Menschen da. Die Sonnenschirme standen einsam am Strand, die Cafés und Bars waren zum Großteil geschlossen.

Wir parkten auf einem riesengroßen, leeren Parkplatz.

Lany hopste als Erste aus dem Wagen. Unter ihren Füßen stiebte heller Staub auf. Wie trocken es hier war! Eine Mondlandung musste sich ähnlich anfühlen.

Gemeinsam gingen wir dorthin, wo die Partymeile zu sein schien. Sie war echt schön gemacht. Bunt gestrichene Häuser und große Figuren warben für die jeweiligen Bars. Lany und Jo posierten vor einem überdimensionalen Flipflop, der im Steinstrand steckte. Ein paar Meter weiter entdeckte ich eine Gestalt, die fröhlich mit beiden Armen winkte: Neva! Jo ordnete seine Lockenmähne mit den Fingern und lächelte auf eine sehr spezielle Art. Verliebte Elfjährige sind schon etwas Besonderes.

Grinsend setzte ich mich von meiner Geschwisterschar ab und lief auf Neva zu. Sie wirkte viel entspannter, als ich sie bisher erlebt hatte.

»Hey, wie cool, dass es geklappt hat!«, begrüßte sie mich und umarmte mich tatsächlich.

Offensichtlich waren wir jetzt wirklich Freundinnen. Mein Grinsen wurde noch breiter. So schnell hatte ich noch nie Freundschaft mit jemandem geschlossen – und das nach unserem miesen Start!

Meine Brüder wurden mit Handschlag begrüßt.

»Jo, na, was hast du diesmal in der Tasche?«, witzelte Neva freundlich.

»Nur ein paar Gummibärchen«, murmelte dieser peinlich berührt.

»Die wären vorhin hilfreicher gewesen als die

Schlange«, musste ich nun auch noch ergänzen. Dafür knuffte ich ihn aber liebevoll und er verdrehte nur die Augen. Wir alle strahlten. Es fühlte sich an, als hätte das Abenteuer von heute Morgen uns zu einer eingeschworenen Truppe gemacht, die nichts mehr auseinanderbringen konnte. Obwohl Sam und Lany »nur« unsere Retter waren, gehörten sie auch dazu.

Papa hatte uns nun auch eingeholt. »Hallo Neva, schön, dich zu sehen. Bringst du uns zu deinem Vater?«

»Klar, folgt mir einfach.«

Diesmal störte es mich überhaupt nicht, dass Lany nach Nevas Hand griff. Ich nahm ihre andere und gemeinsam liefen wir die Strandpromenade entlang. Nach einer Weile bog Neva ab und ging auf einen sehr langen Bauzaun zu, hinter dem ich Kräne erkennen konnte. Ein riesiges Transparent warb auf Kroatisch und Englisch für die neue Hotelanlage, die *amazing* sein sollte. Hohe weiße Hotels mit Glasbalkonen waren darauf abgebildet. Ich fand es hässlich.

»Ich darf euch nicht auf die Baustelle mitnehmen, aber Papa hat gesagt, dass wir am Pförtnerhäuschen auf ihn warten sollen«, erklärte Neva und führte uns zu einem Eingang.

Jetzt konnte ich einen Blick auf das Gelände hinter dem Zaun werfen. Die Baustelle war echt riesig. Da waren Gruben und Gerüste. Paletten mit Baumaterialien standen zwischen Lkws und Betonmischern.

Papa unterhielt sich mit dem Mann im Pförtnerhäuschen, während wir uns neugierig umsahen. In einiger Entfernung entdeckte ich zwei Personen auf einem Baugerüst. Beide trugen weiße Bauhelme, aber nur eine war ein Mann. Die andere war eine Dame in einem eleganten Blazer und engem Rock, der einfach überhaupt nicht in die Umgebung passte. An ihrem Hals flatterte ein rosafarbenes Seidentuch. Die Frau gestikulierte wild und wirkte aufgebracht.

»Da drüben ist mein Papa«, raunte Neva uns zu und zeigte auf den Mann mit dem weißen Helm. »Und die eingebildete Tussi ist seine Chefin.« Sie machte eine Bewegung, als wolle sie auf den Boden spucken, tat es aber nicht. Stattdessen trat sie gegen einen Kieselstein, der davonhüpfte und gegen eine Metallstange klirrte. »Die ist einfach nur doof.«

Ich wollte fragen, warum, aber Neva sah aus, als würde sie gleich anfangen zu weinen. Also ließ ich es bleiben.

Jo starrte zu dem Gerüst hinüber und bestätigte: »Ja, die sieht schon so richtig fies aus.«

»Eigentlich ist die daran schuld, dass meine Eltern sich getrennt haben. Aber psst, ich sollte hier nicht darüber reden. Erkläre ich euch später.« Neva straffte die Schultern und winkte ihrem Vater zu. Der hob nur ein klein wenig grüßend die Hand und machte eine winzige Kopfbewegung, die Neva sofort verstand.

»Lasst uns mal runter zum Strand gehen«, meinte sie, betont gelassen. »Kannst du deinem Vater sagen, dass er alleine hier auf meinen Paps warten soll?«

»Klar«, gab ich zurück, und nachdem ich das getan hatte, machten wir uns auf den Weg.

Neva führte uns bis ans Wasser und fing an, Steine hineinzuwerfen.

»Diese Bauleiterin scheint deinen Vater ja ganz schön im Griff zu haben«, stellte Sam fest. »Warum macht dich das so wütend?«

Puh, also einfühlsam geht anders, dachte ich.

Sam ist manchmal ein bisschen zu direkt für meinen Geschmack. Neva schien es aber nicht zu stören.

»Die ist nicht die Bauleiterin«, korrigierte sie und

schleuderte einen Kiesel ganz weit ins Meer. Wäre locker eine Eins gewesen, wenn sie das beim Weitwurf im Sportunterricht gebracht hätte. Ich bekomme im Weitwurf immer maximal eine Vier. Gut, beim letzten Mal hatte ich eine Fünf.

»Die Dame ist die Projektmanagerin oder jedenfalls die, die insgesamt für den ganzen Entwurf und die Planung der gesamten Sache zuständig ist. Bauleiter ist mein Vater.«

»Cool«, sagte Jo und sah Neva bewundernd an.

Sie warf den nächsten Stein. Fast genauso weit.

»Er ist richtig gut in seinem Job«, behauptete sie. »Aber mit der kommt er nicht klar.«

Es lag so viel Traurigkeit in ihrer Stimme!

»Mich macht wütend, dass sie nicht auf ihn hört. Er hat Erfahrung in dem Geschäft! Okay, ich bekomme nicht so ganz viel mit, was genau los ist. Aber sie achtet wohl nur darauf, dass alles so wenig wie möglich kostet. Na ja.« Neva machte eine Pause, als müsste sie überlegen, wie viel sie erzählen wollte. Sie bohrte mit dem Fuß im Kies herum. »Jedenfalls weiß ich, dass meine Mutter es einfach nicht aushalten konnte, dass Papa die Bauleitung übernommen hat. Sie meint, die Hotelanlage sei so schlecht ausgedacht, dass sie der Insel richtig Schaden zufügen würde. Dem Meer und auch der Insel an sich. Umweltmäßig, meine ich. Meine Mutter kann meinem Vater nicht verzeihen, dass er das Projekt nicht verhindert, sondern unterstützt.«

Lany streichelte tröstend Nevas Arm.

»Warum tut er das denn?«, fragte Sam nach.

Ich dachte auch, dass er bestimmt einen guten Grund dafür hatte. Sonst hätte er doch nicht das Glück seiner Familie dafür aufs Spiel gesetzt, oder?

»Zu mir hat er gesagt, dass er es sich nicht leisten kann, diesen Job abzulehnen. Wir brauchen das Geld, das er verdient. Und er denkt, dass niemand ihn mehr anstellen wird, wenn er sich mit dieser Dame anlegt. Deshalb hasse ich sie.«

Wie ernst es ihr war, merkte ich an der Kraft, mit der sie den nächsten Kiesel schleuderte.

In meinem Kopf begann eine Gedankenversammlung. Es fängt immer mit einer winzig kleinen Idee an. Dann strömen plötzlich tausend neue Einfälle dazu und am Ende habe ich einen Plan. Meistens einen verrückten, der nicht unbedingt klappt. Aber ich merkte, dass das hier eine wichtige Sache war und ich vielleicht etwas tun konnte, um die Richtung zu ändern. Natürlich nicht allein! Ich würde Neva, Oskar, Ante und meine Geschwister mit ins Boot holen.

Ins Boot. Witzig, ich weiß.

Während unseres Gesprächs war mein Papa zu uns gekommen. »Neva, ich soll dir sagen, dass dein Vater heute Abend noch eine Sonderbesprechung hat. Er meint, du sollst dich entscheiden, ob du bei deinem Onkel übernachtest oder mit uns zurückfahren möchtest. Er wird direkt nach Split fahren, wenn er auf der Baustelle fertig ist.«

Neva wurde richtig klein bei dieser Nachricht. Ihre Schultern sackten nach unten und sie ließ die Arme hängen. »Dann könnte er mich auch gleich nach Hause zu Mam bringen«, murmelte sie. »Wenn er sowieso keine Zeit für mich hat, warum hat er mich dann auf die Insel geholt?«

»Er wirkte ziemlich bedrückt«, versuchte Papa sie zu trösten. »Was meinst du, was ist dir lieber?«

Neva biss auf ihrer Unterlippe herum. Dann antwortete sie: »Wir wollten ja sowieso jetzt Ringe suchen. Wenn ihr mich nachher mitnehmt, dann ist das für mich okay.«

Ich strahlte. Jo strahlte auch. Lany hüpfte vor Freude an Neva hoch und umarmte sie.

»Super, dann machen wir das so«, bestätigte Papa zufrieden. » Ich denke, ihr wollt das gern allein machen, oder? Ich verlasse mich darauf, dass ihr nicht wieder in ein Boot steigt.« Er grinste und zwinkerte mir zu. Dann wandte er sich an meinen größten Bruder: »Sam, ziehst du ein bisschen mit mir um die Häuser oder möchtest du bei den anderen bleiben?«

Es überraschte mich nicht, dass Sam sofort einwilligte. Er liebt es, mit Paps allein unterwegs zu sein. Die beiden gingen los und Jo, Lany und ich schauten Neva an.

Die straffte die Schultern wieder und sagte: »Na gut, dann legen wir mal los. Mein Onkel wohnt da drüben. Holen wir uns den Metalldetektor.«

Damit begann die Schatzsuche. Ich ahnte schon, dass sie nur der Anfang von etwas ganz anderem sein würde.

Der Metalldetektor war ein kleines, rundes Gerät, das an einer Stange befestigt war. Man hielt ihn an einer Schlaufe am Stiel fest und ließ ihn knapp über dem Boden schweben. Solange nichts Metallisches in seiner Nähe war, blieb er stumm. Aber sobald man ihn über eine Sache führte, die aus Metall war, piepte er wie verrückt. Neva machte es uns an einem Gullydeckel vor.

»Das Coole ist, dass er auch Signal gibt, wenn er etwas ganz Kleines entdeckt«, sagte sie stolz. »Wenn wir gleich am Strand entlanglaufen, dann findet er zum Beispiel Kronkorken zwischen den Steinen.«

»Kronkorken?«, fragte Jo enttäuscht. »Aber die sind doch gar nichts wert. Wer kann schon was mit Flaschendeckeln anfangen?«

Neva lächelte ihn an und Jo wurde knallrot. Uh, mein Bruder war so was von verliebt!

»So einige Leute!«, erwiderte Neva fröhlich. »Marek zum Beispiel. Der ist der Strandwächter hier und er ist auch dafür verantwortlich, dass dieser Abschnitt sauber bleibt. Man kann Kronkorken bei ihm abgeben und bekommt dafür eine Kuna pro Stück.«

»Das sind ungefähr zehn Cent«, erklärte ich. Papa hatte uns das gesagt, bevor wir nach Kroatien aufgebrochen waren.

»Ich glaube, sogar ein bisschen mehr«, sagte Jo. »Dreizehn Cent oder so.«

»Jedenfalls kommt was zusammen, wenn man einige findet«, fasste Neva zusammen. Sie wandte sich an Lany und versprach: »Wenn wir zehn Kronkorken finden, kaufe ich dir eine Kugel Eis. Einverstanden?«

»Klar!«, freute sich Lany.

Jo schien zufrieden und wollte direkt loslegen.

»Natürlich hoffe ich, dass wir auch was Wertvolleres finden«, schickte er noch hinterher. Dann lief er los Richtung Strand. »Können wir anfangen?«

Mit gesenkten Köpfen liefen wir daraufhin den Strand ab. Zuerst durfte Jo den Metalldetektor führen. Es dauerte ziemlich lange, bis er zum ersten Mal piepte. Davor fanden wir sieben leere Plastikflaschen, drei kaputte Tüten und fünf Verpackungen von Schokoriegeln und Gummibärchen. Zum Glück hatte Neva einen Müllsack dabei.

»Man findet immer Abfall«, stellte sie fest.

Das kam mir leider nur allzu bekannt vor. Im letzten Sommer hatten wir bei uns zu Hause im Winterteich eine Unmenge von Müll entdeckt – der Anfang der Geschichte mit dem Bernsteinzimmer, von der ich auch Neva im Thunfischturm erzählt hatte. Aber die kennst du vielleicht schon.

Als Jo endlich bereit war, den Detektor an mich abzugeben, piepte er auf dem ersten Meter in meiner Hand. *Ha!* Es war ein Kronkorken – genau wie zuvor bei Jo. Es macht wirklich richtig viel Spaß, mit so einem Detektor herumzulaufen. Egal, ob man etwas findet oder nicht: Es ist einfach irre spannend, schon, weil man jeden Moment etwas finden *könnte*.

Wir liefen am Meer auf und ab, begleitet von neugierigen Möwen und einem schwarzen Hund, der von irgendwoher angetrabt kam. Lany hatte erst Angst vor ihm, aber er war ganz brav.

Ich vermisste plötzlich Hummel. Hoffentlich ging es ihm gut. So ein Sonnenstich konnte ganz schön übel sein, das wusste ich aus Erfahrung.

»Jetzt will ich auch mal«, quengelte Lany, nachdem Jo und ich schon zwei Mal getauscht hatten. Bis dahin hatte sie sich von Neva mit Steinesammeln und Geschichten ablenken lassen.

»Na gut, dann mach. Aber nur kurz«, gab Jo nach. Er drückte ihr den Detektor in die Hand und sie rannte los.

»Warte!« – »Nicht so schnell!«, brüllten Jo und ich.

Neva sprintete hinter Lany her. Irgendwas hatte meine kleine Schwester anscheinend falsch verstanden, denn sie lief über den Strand, als wäre jemand hinter ihr her. Okay, das waren wir ja auch. Vielleicht dachte sie, wir würden Fangen spielen. Aber dann kam es, wie es kommen musste: Lany stolperte und fiel der Länge nach hin. Der Metalldetektor rutschte ihr aus der Hand und blieb ein ganzes Stück von ihr entfernt liegen. Lany heulte laut auf.

Schnell liefen wir zu ihr.

»Hast du dir wehgetan?«, fragte ich völlig unnötig.

Sie rappelte sich auf, setzte sich hin und zeigte uns ihr blutendes Knie.

»Oh, das tut bestimmt weh.« Ich umarmte sie von hinten und streichelte ihr Haar, um sie zu beruhigen. Sie heulte nur noch mehr.

Neva kramte ein Taschentuch hervor und gab es meiner kleinen Schwester.

»Drück das mal drauf, dann blutet es nicht mehr so sehr«, sagte sie beruhigend. »Siehst du, das wird schon wieder.«

Lany schniefte und presste das Tuch auf die Wunde. Jetzt, da sie nicht mehr schrie, hörten wir etwas anderes: Der Detektor piepte wie verrückt.

»Ist der kaputtgegangen?«, sorgte sich Neva. »Jo, kannst du mal nachschauen?«

Jo ließ sich nicht zweimal bitten. Ohne ihn zu berühren, schaute er sich den Detektor erst einmal an.

»Sieht ganz okay aus!«, rief er uns zu. Dann bückte er sich und hob das Gerät vorsichtig auf. Dabei achtete er darauf, den Sucher ungefähr an derselben Stelle zu lassen. Es piepte weiter.

»Ich glaube, hier liegt was«, stellte Jo fest. Er begann, die Steine ein wenig beiseitezuschieben. Lany vergaß den Schmerz in ihrem Knie, presste das Tuch darauf und hüpfte zu Jo hinüber. Neva und ich begleiteten sie neugierig.

Zwischen den runden Kieseln blitzte es metallisch. Vorsichtig legte Jo frei, was dort verborgen war. Zum Vorschein kam eine Uhr.

»Cool«, stellte Jo fest, als er das silberne Schmuckstück vollständig herausgezogen hatte. Er legte es auf seine Hand und wir beugten uns alle darüber.

»Sieht eigentlich noch ganz gut aus«, stellte Neva fest. »Dabei liegt die bestimmt schon seit dem letzten Sommer hier.«

»Rolex«, las ich auf dem Ziffernblatt.

»Junge, das sind doch diese megateuren Uhren, oder?«, fragte Jo aufgeregt.

Wir stimmten ihm zu, aber Neva blieb skeptisch. »Davon gibt es aber auch ganz viele Plagiate. Also billig nachgemachte Uhren, auf denen nur *Rolex* draufsteht.«

Jo und ich waren enttäuscht. Wahrscheinlich war das also einfach eine Zwanzig-Euro-Fälschung, die jemand im Internet gekauft hatte.

»Ist doch egal«, behauptete Jo tapfer. »Es ist trotzdem was Besseres als immer nur Flaschendeckel, oder?«

Neva nickte und nahm ihm die Uhr behutsam aus der Hand. Wenn ich das versucht hätte, wäre er bestimmt ausgeflippt. Neva schaute er nur bewundernd an. Das ärgerte mich, aber ich versuchte, mir nichts daraus zu machen.

»Hm, sie ist aber schon schwer«, stellte sie fest. Fachmännisch betrachtete sie unseren Fund von allen Seiten. »Ein Plagiat wäre vielleicht viel mehr zerschrammt und rostig nach einem Winter am Meer«, überlegte sie laut.

Sollten wir wirklich etwas Wertvolles gefunden haben? Ich traute mich noch nicht, darauf zu hoffen.

»Und da ist sogar eine Gravur!«, rief Neva überrascht aus.

Wieder beugten wir uns alle über die Uhr.

»Für meinen Liebsten. M. G.«, las ich vor.

Lany kicherte.

»Das macht man doch nicht auf eine Billiguhr, oder?«, fragte Jo.

Jetzt waren wir alle ziemlich aufgekratzt. Eine Rolex kostete doch bestimmt mindestens tausend Euro, oder? Wenn das mal kein Schatz war! Dann fiel mir ein, was ich gestern in der Bucht zu Neva gesagt hatte: dass es dann unfair war, wenn ihr Onkel wertvolle Eheringe fand und sie einfach für sich behielt. Dasselbe galt ja wohl auch für Uhren mit Gravur. Sicherlich vermisste sie jemand!

»Was machen wir jetzt?«, wollte ich von Neva wissen. »Bringen wir sie zu deinem Onkel ins Fundbüro?«

»He, nein!«, protestierte Jo energisch. »Ich hab die gefunden! Ich will wissen, was sie wert ist. Und ich will sie behalten. Egal, was sie kostet. Ich finde sie schick.«

Wir schauten ihn alle drei vorwurfsvoll an, während er Neva die Uhr aus der Hand nahm und sich mit verschränkten Armen trotzig vor uns aufbaute.

»Jemand sucht bestimmt danach«, versuchte ich, ihn umzustimmen.

»Er ist selbst schuld, dass er nicht besser darauf aufgepasst hat!«

Neva zuckte die Achseln. »Ich finde, Lany sollte darüber entscheiden. Wäre ihr der Detektor nicht aus der Hand geflogen, hätten wir die Uhr vielleicht gar nicht entdeckt.«

Jo wollte protestieren, aber Lany strahlte. Ich fand, dass Neva recht hatte. Und weil Jo einen ziemlich ausgeprägten Sinn für Gerechtigkeit hat, sah er es ein.

»Okay, dann lassen wir eben Lany entscheiden.« Er hockte sich hin, um unserer kleinen Schwester in die Augen sehen zu können. »Was sagst du? Sollen wir die Uhr abgeben oder möchtest du sie behalten? Wir könnten sie verkaufen und dir von dem Geld Spielzeug holen. Oder ganz viel Eis.«

»Hey«, schimpfte ich. »Du redest ihr das ja richtig ein!«

Aber Lany schüttelte den Kopf. »Die hat doch eine Frau ihrem liebsten Mann geschenkt«, behauptete sie fest. »Ich finde, wir müssen sie ihm zurückgeben.«

Ich war echt stolz auf die Kleine. Selbst Jo schien beeindruckt zu sein. Zwar guckte er mürrisch, aber er stand auf.

»Na gut, ihr habt ja recht.« An Neva gewandt sagte er: »Dann fragen wir eben deinen Onkel, ob jemand die Uhr als vermisst gemeldet hat.«

Wir nahmen den Metalldetektor und machten uns auf den Weg zum Haus von Nevas Onkel.

Eine Schlange kommt selten allein

Wir hatten gar nicht gemerkt, wie viel Zeit vergangen war. Die Sonne stand schon ziemlich tief und die kleinen Läden machten Feierabend. Auf unserem Weg am Strand entlang begegneten wir mehr Menschen als am Nachmittag. Vielleicht wollten sie nach ihrem Arbeitstag noch am Meer entspannen.

»Da vorn ist sie schon wieder«, murmelte Neva und zeigte auf ein Café, vor dem einige Menschen standen. Sie schienen heftig zu diskutieren.

»Die fiese Chefin?«, fragte Lany. »Die mit dem Halstuch?«

»Ja, die miese Schlange«, bestätigte Neva. Sie schüttelte verächtlich den Kopf.

Die schlanke Frau mit der blonden Hochsteckfrisur wirkte wirklich wie eine Schlange auf die Leute um sie herum. Von Weitem sah es aus, als würde sie sie mit ihrem Blick und dem Zischen aus ihrem Mund hypnotisieren. Als wir näher kamen, hörten wir ihre hohe, energische Stimme. Sie sprach natürlich kroatisch. Neva eilte mit großen Schritten an der Versammlung vorbei.

»Worüber streiten sie?«, fragte ich neugierig, als wir außer Hörweite waren.

»Keine Ahnung«, behauptete Neva. »Ich hab nicht hingehört.«

Jo drehte sich noch einmal um. »Es sieht so aus, als wärt ihr nicht die Einzigen, die schlecht auf sie zu sprechen sind«, meinte er besorgt.

Mir kam meine Idee wieder in den Kopf, aber ich fand, es war noch nicht der richtige Zeitpunkt, um sie anzusprechen.

Inzwischen hatten wir das kleine Häuschen erreicht, in dem Nevas Onkel wohnte. Es war hellgrün gestrichen, mit Wellblech gedeckt und hatte weiße Fensterrahmen. Vor der Tür stand ein Aufsteller mit der Aufschrift *Lost and Found*. Darunter stand, wie Neva für uns übersetzte, »Fundbüro«.

Der Mann, der auf ihr Klingeln hin öffnete, hatte dunkles Haar und war sonnengebräunt. Neva sprach ihn auf Kroatisch an.

»Hallo, Freunde von Neva«, begrüßte er uns auf

Deutsch, als sie fertig war, und sah dann Jo an. »Zeigst du mir Uhr.«

Neva grinste. »Er kann kaum Deutsch«, erklärte sie entschuldigend. »Aber er hat gesagt, dass vor ein paar Monaten jemand eine Rolex verloren hat. Die Beschreibung ist in seinem Computer.«

Jo reichte Nevas Onkel die Uhr. Der pfiff anerkennend und sagte etwas zu Neva.

»Er meint, sie fühlt sich echt an.«

Wieder breitete sich ein Strahlen auf Jos Gesicht aus. Wow, es war also wahrscheinlich wirklich ein Schatz, den wir da gefunden hatten!

»Er sieht jetzt nach, ob die Beschreibung passt.«

»Mist, dann müssen wir sie bestimmt gleich abgeben«, stellte Jo enttäuscht fest.

Wir folgten dem Mann in das kleine Lädchen, das gleichzeitig das Fundbüro war. Der Raum war winzig. An den Wänden standen überall Regale. Getränke, Snacks, Zeitungen und Souvenirs drängten sich dicht an dicht.

»Oh, was für schöne Armbänder!«, staunte Lany. Sie ließ die Finger über die bunten Perlen gleiten, aus denen der Schmuck gemacht war.

»Nicht anfassen!«, mahnte ich. Es wäre mir peinlich gewesen, wenn sie etwas kaputt gemacht hätte.

Wieder sagte Nevas Onkel etwas auf Kroatisch. Es klang hocherfreut.

»Die Uhr gehört einem Mann, der im Sommer oft hier an den Strand kommt«, übersetzte Neva für uns. »Er hat sie letztes Jahr im August als vermisst gemeldet.«

Jo schniefte. Ich sah ihm an, wie enttäuscht er war.

»Mein Onkel kennt ihn ziemlich gut. Der Typ besitzt eine Yacht. Er ist ziemlich reich. Momentan ankert er wohl vor Brac. Das ist eine größere Insel, etwas südlich von hier. Mein Onkel meint, der würde uns bestimmt einen guten Finderlohn geben.«

Bei dieser Nachricht hellte Jos Miene sich etwas auf.

»Können wir uns dann ein Eis kaufen?«, piepste Lany. »Oder so ein Armband?«

Ich musste lachen. »Bestimmt«, gab ich zurück. »Aber ich glaube, ein Eis spendiert uns Papa heute sowieso, wenn wir ihn fragen. Überhaupt sollten wir jetzt langsam zurückfahren, oder? Hummel vermisst uns sicher schon.«

Wir schrieben Papa eine Nachricht, um einen Treffpunkt zu vereinbaren.

Kurze Zeit später machten wir uns gemeinsam

mit Neva auf den Weg zum Ferienhaus. In einem Supermarkt kauften wir einige Lebensmittel und Eis für alle.

Es hätte ein richtig schöner Abschluss des Tages sein können, wenn Neva nicht immer stiller geworden wäre. Sie saß im Auto und wirkte ganz klein und verloren.

»Ist alles okay?«, fragte ich sie vorsichtig.

Neva zuckte mit den Schultern. »Alles gut«, behauptete sie.

Es klang so was von gar nicht gut.

Ich traute mich nachzubohren. »Bist du traurig wegen deinem Papa?«

Neva drehte den Kopf weg und schaute aus dem Fenster. Ich glaube, sie wollte ihre Tränen verstecken. »Es ist einfach nicht fair, dass die miese Schlange meine Eltern so gegeneinander aufgebracht hat«, platzte es schließlich aus ihr heraus.

Erst wusste ich nicht, was ich sagen sollte. Dann dachte ich, es könnte der richtige Moment für die Ergebnisse meiner Gedankenversammlung sein. Ich holte tief Luft und begann behutsam: »Du hast doch gesagt, dass dein Vater gern etwas gegen ihre falsche Planung sagen würde, sich aber nicht traut, weil er sonst vielleicht entlassen wird.«

Neva schniefte und nickte.

»Wie wäre es dann, wenn *wir* etwas sagen? Wir Kinder, meine ich.«

Neva winkte ab. »Das interessiert doch keinen. Außerdem wüssten dann trotzdem alle, dass es von meinem Vater ausgeht.«

Mit dieser Antwort hatte ich gerechnet. Natürlich mussten wir es auf eine Art und Weise machen, dass niemand es mit Neva oder ihrem Vater in Verbindung brachte. Ich hatte auch schon eine Idee, wie. Allerdings war das Ganze noch nicht ausgereift. Ich brauchte die anderen zum Mitdenken.

»Wir machen es anonym«, schlug ich vor. »Mit Plakaten, Flyern, auf sozialen Netzwerken und so. Einfach Aufmerksamkeit erregen, damit die richtigen Leute am Ende die Frau zur Verantwortung ziehen.«

Neva horchte auf. Auch Jo drehte sich zu uns um und machte ein interessiertes Gesicht. Ob Papa uns zugehört hatte, wusste ich nicht. Eigentlich wollte ich ihn noch nicht einbeziehen. Sam saß auf dem Beifahrersitz neben ihm. Die beiden unterhielten sich über Fußball oder so was. Lany hing schief in ihrem Kindersitz und schlief tief und fest. Wahrscheinlich hatten die drei nichts mitbekommen, aber wie unsere Seerettung dank Lany bewiesen hatte, konnte man das nie so genau wissen.

Nevas Augen waren zwar rot vom heimlichen Weinen, aber sie fingen wieder ein bisschen an zu funkeln. »Das wäre vielleicht sogar wirklich möglich.« Sie strich sich die Haare aus der Stirn und knabberte an ihrer Lippe. »Aber es wird schwierig, weil auf der Insel irgendwie jeder jeden kennt.«

Jo, der auf der Sitzbank vor uns saß, steckte den Kopf zwischen den Kopfstützen hindurch und raunte: »Uns kennen aber nur wenige. Wir sind ja nur Touristen. Wir müssen nur irgendwie an genaue Informationen kommen, damit es nicht ins Leere läuft.«

Neva nickte nachdenklich. »Es ist echt nett von euch, dass ihr mir helfen wollt«, sagte sie leise. »Ich weiß zwar nicht, ob es was ändert, aber versuchen können wir es ja.«

»Super!«, jubelte Jo, sodass Lany im Schlaf zusammenzuckte.

Papa warf einen Blick in den Rückspiegel. »Was ist super?«

»Ach nichts«, entgegnete ich schnell und guckte Jo vorwurfsvoll an. »Wir haben nur gerade eine Idee gehabt, was wir morgen machen könnten. Schade, dass du arbeiten musst! Wann fährst du denn nach Zadar?«

»Schon morgens um sieben«, gab Papa zurück. Zum Glück fragte er nicht nach, was wir uns ausgedacht hatten. »Ich habe überlegt, ob ihr mitkommen wollt. Die Stadt ist ganz interessant. Aber Mama meint, so früh am Tag lohnt sich das nicht, weil ihr dann fast drei Stunden warten müsst, bis die Läden öffnen.« Er lachte und setzte den Blinker.

Inzwischen waren wir an unserem Ferienhaus angekommen.

»Ich finde das Meer und die Insel sowieso interessanter«, behauptete ich und schnallte mich ab.

Wir stiegen aus. Während Papa die schlafende Lany aus dem Auto holte, steckten Jo, Neva und ich noch einmal kurz die Köpfe zusammen.

»Heute Abend müssen wir erst mal ein bisschen mit unserer Familie zusammen sein«, meinte ich. »Wollen wir uns morgen Vormittag treffen und überlegen, welche Möglichkeiten wir haben?«

Neva nickte. »Wenn es für dich okay ist, können wir im Thunfischturm unsere Strategie entwerfen. Ehrlich, da ist es nicht gefährlich. Selbst meine Eltern sagen das.«

Ich fand es nett, dass sie daran dachte, wie ich mich gegen den Turm gewehrt hatte. Mir war selbst klar geworden, dass ich an diesem ersten Tag überreagiert hatte. Beim Kuchenessen war sogar Dora darauf eingegangen. Sie meinte, der Turm sei eigentlich super erhalten und nur gesperrt, weil die Gemeinde kein Geld habe, um ihn als Touristenattraktion aufzupäppeln.

»Ja klar, können wir machen«, willigte ich ein.

Jo fragte: »Können Ante, Oskar und Hummel auch mitmachen?«

Neva und ich wechselten einen Blick. So viele kleine Kinder? Aber sie waren kreativ und hatten manchmal richtig gute Ideen, das wusste ich. Hummel hatte auch ganz viel mitgeholfen, als wir im letzten Sommer die Sache mit dem Müll angegangen waren.

»Von mir aus können sie dabei sein«, meinte ich deshalb.

Auch Neva machte eine zustimmende Kopfbewegung.

»Dann treffen wir uns um neun? Am Pier?«, schlug sie vor.

»Einverstanden!«

Neva streckte ihre Hand aus und hielt sie uns hin.

Jo und ich schlugen gleichzeitig ein, so, wie man einen Pakt besiegelt.

»Auf die Rettung der Insel!«, sagte Jo grinsend. »Und auf die Rettung der Ehe deiner Eltern, Neva«, fügte ich hinzu.

Wir waren wirklich sicher, dass es klappen würde.

Die Klimaretter-Bande

Am nächsten Morgen schien die Sonne so warm, als wäre über Nacht der Sommer angekommen. Kein Lüftchen regte sich. Pünktlich um neun kamen wir alle am Pier zusammen. Jo mit strubbeligem Haar, wie immer. Kämmen war für ihn etwas vollkommen Unnötiges und er machte es nur, wenn Mama es ausdrücklich anordnete. Im Gegensatz zu sonst trug er aber ein T-Shirt ganz ohne Flecken. Er hatte sogar zwei zusammenpassende Socken an. Die Umhängetasche beulte sich an seiner Hüfte auch diesmal auffällig aus.

»Welches Tier hast du denn da heute drin?«, neckte Neva ihn, sobald wir ankamen.

Jo bekam wieder mal ganz rote Wangen und verteidigte sich: »Ich hab Schreibzeug dabei! Und Mama hat uns Essen mitgegeben. Außerdem hab ich meine Badehose und ein Handtuch drin, weil es so warm ist.«

»Wow, gut vorbereitet«, lobte Neva ihn.

Jos Wangen wurden noch eine Spur röter.

Hummel hatte sich sofort zu Ante gesellt. Die beiden Jungs waren barfuß, wobei Hummel seine Schuhe in der Hand hielt. Ante hatte erst gar keine dabei.

Oskar wirkte diesmal ausgeschlafen. Er hatte ein Basecap auf dem Kopf und trug eine Sonnenbrille. Auf dem Rücken hatte er einen Rucksack.

»Was hast du denn mitgebracht?«, fragte ich neugierig.

»Auch was zu essen«, erwiderte er knapp.

Ich nickte anerkennend und wandte mich Neva zu.

Neva sah aus, als plane sie eine Firmenleitungskonferenz. Um ihren Hals hing ein Schlüsselbund an einem Band mit Werbeaufdruck. Neben ihr auf dem Pier stand eine Klappkiste, in der weiße Papierrollen, fette Stifte und mehrere Schreibblöcke lagen. Außerdem eine Rolle Malerkrepp, ein Knäuel rote Wolle und eine Dose mit Pinnnadeln.

Sam warf einen Blick in die Kiste und pfiff bewundernd. »Du bist ja echt top ausgerüstet«, stellte er fest.

Ich fühlte mich kribbelig. Gestern waren wir noch ein zerstrittenes Häufchen von Kindern gewesen, die sich gerade erst kennengelernt hatten. Heute kamen wir als Freunde zusammen und hatten eine Mission. Es war aufregend und es machte mich irgendwie auf eine ganz besondere Art glücklich.

»Wollen wir loslegen?«, fragte ich und wippte ungeduldig auf den Zehenspitzen.

Neva lächelte mich an. »Ja, kommt. Es sind ja alle da.«

Wir beide packten die Kiste rechts und links und dann liefen wir los. Ante und Hummel führten den Trupp an. Danach folgten Sam und Jo, Oskar dicht hinter ihnen. Den Schluss bildeten Neva und ich. Lany war bei Mama geblieben. Sie war einfach noch zu klein für diese Aufgabe.

Es war schön, mit guter Laune durch die Hügel zu laufen. Kies knirschte unter unseren Füßen und manchmal kratzten uns Zweige von Büschen an den Armen. Nur ein Stückchen entfernt schimmerte das Meer. Wie hatte ich nur jemals denken können, dieser Urlaub würde langweilig werden?

Als wir diesmal beim Thunfischturm ankamen, sah ich ihn mit ganz anderen Augen. Der runde Koloss war eine perfekte Basis für unsere Mission. Bestimmt kam niemand auf die Idee, dass eine entschlossene Bande von Klimarettern hier ihr Basislager hatte.

Wir schlüpften durch die Tür in den Turm und gingen in die erste Etage. Dort, wo die Matratzen lagen, richteten wir uns ein. Sam ordnete die Sitzgelegenheiten so, dass sie einen Kreis bildeten. In die Mitte stellten wir die Kiste. Oskar und Jo bereiteten eine Art Snackbar vor. Dann nahmen alle Platz.

Neva eröffnete mit wichtiger Miene das Treffen. »Freunde«, sagte sie. »Wir sind heute zusammengekommen, um der fiesen Schlange – Frau Dubrova – das Handwerk zu legen. Und um meine Eltern wieder zusammenzubringen. Ich danke euch, dass ihr eure Ferien opfert, um das für mich zu tun.«

Jo strahlte vor Stolz, als hätten wir es schon geschafft. Ante kratzte sich am Kopf, Hummel guckte etwas unsicher. Ich glaube, er checkte noch nicht so ganz, was wir eigentlich vorhatten.

Sam murmelte: »Kein Problem«, und ich zeigte beide Daumen hoch.

Neva fuhr fort: »Ihr wisst, dass niemand wissen darf, von wem die ganze Aktion ausgeht.«

Alle nickten, auch Hummel.

»Nicht einmal unsere – also eure! – Eltern«, betonte Neva und fügte hinzu: »Meine auch nicht.«

»Wir werden schweigen!«, beteuerte Jo und Hummel ergänzte eifrig: »Versprochen!«

Ich hätte wissen können, dass er derjenige sein würde, wegen dem wir aufflogen. Aber damals dachte ich, es würde gut gehen.

»Jede Aktivistengruppe braucht einen Namen, den alle murmeln, wenn sie anerkennend von ihr sprechen«, erklärte Neva nun. »Also, was sind eure Vorschläge? Wie wollen wir uns nennen?«

Aufregend, dachte ich. Neva war wirklich wie die Rote Zora. Vielleicht war das ja ein guter Deckname? *Wir könnten die Bande der Roten Zora zwei Punkt null sein*, dachte ich.

Aber der Vorschlag wurde abgelehnt.

Jo rief: »Wie wär's mit: *Die Schlangentöter*? Wir wollen doch die fiese Schlange plattmachen.«

Neva zog die Nase kraus.

»Nee …«, sagte Oskar. »Schlangen sind doch wichtige Tiere.« Er hatte offenbar noch nichts von dem Drama um Jos Taschenschlange gehört.

»Es sollte schon nach Umweltschutz klingen, finde ich«, meinte Sam.

Hummel sagte zaghaft: »Die … *Die Umweltschützer?*«

»Zu platt«, winkte Oskar ab.

»Dann eben *Die Inselpolizei*«, mischte sich Ante jetzt ein.

Wieder schüttelte Oskar den Kopf. »Wir sind doch keine Cops«, wehrte er ab.

Ich war langsam ein bisschen genervt davon, dass er nur meckerte, statt selbst einen Vorschlag zu machen. Andererseits hatte mich auch noch keiner dieser Namen wirklich überzeugt. Wir brüteten alle eine Weile schweigend.

»Mission Eden!«, rief Sam plötzlich. »Nach dem Garten Eden, dem Paradies. Wir wollen doch die Umwelt schützen, also das Klima retten, also die Schöpfung bewahren … oder?«

Die verwirrten Gesichter von Hummel und Ante zeigten ihm, dass es nicht für jeden so logisch war wie für ihn.

Er winkte selbst ab. »Okay, vergesst es.«

Wie hättest du die Bande genannt, wenn du dabei gewesen wärst?

Ich grübelte und grübelte.

Jo stibitzte sich den ersten Snack und murmelte mit vollem Mund: »Ich kann mit leerem Magen nicht denken.«

Während die anderen sich ebenfalls an den Süßigkeiten bedienten, schaute ich aus dem Fenster in den blauen Himmel. Die Wärme kroch schon in den runden Raum. So einen heißen Tag hatte ich nicht erwartet. Das war doch bestimmt die Klimaerwärmung, von der alle immer sprachen. Die führte ja auch dazu, dass die Meeresspiegel stiegen und genau das wollten wir ja verhindern, also …

»Warum nennen wir uns nicht einfach *Die Klimaretter*?«, fragte ich mit wenig Hoffnung auf Zustimmung.

Die anderen sahen mich an.

»Simpel, aber eindeutig«, meinte Sam und wiegte den Kopf.

»Ist jedenfalls leicht zu merken«, gab Oskar zu.

Neva nickte. »Ich bin dafür!«

Auch Ante und Hummel waren einverstanden.

Neva hielt ihre Hand in die Mitte des Kreises. Einer nach dem anderen legten wir unsere Hände auf ihre.

Dann sagte Neva feierlich: »Das ist der Moment, in dem die Bande *Die Klimaretter* gegründet wird. Ihr alle seid ein wichtiger Teil davon!«

»Amen!«, rief Hummel, weil in der Kirche alle wichtigen Sachen mit diesem Wort besiegelt werden.

Obwohl Neva eigentlich gar nicht gebetet hatte, sagten wir automatisch alle auch: »Amen!«, und ließen unsere Hände gleichzeitig nach oben schnellen.

Ich gebe zu, das war eine etwas seltsame Art, eine Bande zu gründen. Aber Mama hat mir mal erklärt, dass »Amen« übersetzt heißt: »So soll es sein!« – und das passte ja ziemlich gut.

»Wenn wir jetzt schon alle Amen gesagt haben«, meinte ich, als alle wieder ruhig waren, »wollen wir dann jetzt auch gleich mal beten, dass Gott uns hilft, die richtigen Sachen zu machen?«

Mir kam es auf einmal wie eine wirklich große Sache vor, die wir uns ausgedacht hatten. Es konnte doch einiges schiefgehen! Vor allem, wenn rauskam, wer dahintersteckte. Ich wollte nicht daran schuld sein, wenn Nevas Vater seinen Job verlor. Wir konnten Gottes Hilfe also wirklich gut gebrauchen.

»Gute Idee«, stimmte Sam zu.

Neva guckte etwas skeptisch. »Ich weiß gar nicht, ob ich so richtig an Gott glaube«, gab sie zu. »Aber beten kann ja nicht schaden. Allerdings müsst ihr das übernehmen. Ich weiß nicht, wie man das macht. Bei uns betet nur der Priester in der Kirche.«

»Okay, ich mache es«, bot ich an. Schließlich war es mein Vorschlag gewesen. »Also, Hände falten und Augen zu.«

»Muss das sein?«, murrte Oskar.

»Kannst es auch lassen, ist egal«, erklärte Jo. »Aber wir machen es so. Das gehört irgendwie dazu.«

Ich weiß nicht, ob Oskar mitmachte oder nicht. Ich schloss die Augen und sagte: »Lieber Gott, danke, dass wir uns alle kennengelernt haben. Du weißt ja, dass wir Nevas Eltern helfen wollen, sich wieder zu versöhnen. Und wir wollen auch mithelfen, dass dieses Hoteldings nicht das Klima noch mehr zerstört. Aber wir haben eigentlich nicht so viel Ahnung, was jetzt die richtigen Aktionen sind. Darum bitten wir dich, dass du uns hilfst. Bitte mach, dass wir die richtigen Entscheidungen treffen. Und dass es klappt. Amen.«

Noch einmal sagten alle zusammen »Amen«, auch Oskar.

Dann öffneten wir die Augen und schauten uns gegenseitig an.

Neva sagte: »Jetzt aber los!«

Wir machten uns an die Arbeit.

So viele Probleme!

Uns war klar, dass wir nicht zu Frau Dubrova gehen und ihr ins Gewissen reden konnten. Die Idee, auf die ich gestern gekommen war, fing deshalb ganz anders an: Wir wollten die Frau nicht selbst ansprechen, sondern die Leute in der Umgebung dazu bringen, das zu tun.

Neva legte ein großes Blatt in die Mitte unseres Kreises und zeichnete einen Teil der Insel darauf. Es war die Bucht, in der der Partystrand lag, und die Straße, über die die Touristen anreisten.

»Hier ist der Strand«, erklärte sie und machte eine rote Markierung. »Und das hier sind die Orte, die in der Nähe sind.« Mit roten Kreisen zeichnete sie diese ein.

»Außerdem betrifft die Sache auch die Bauern hier« – sie machte jetzt grüne Zeichen – »und hier.«

Das Problem war ziemlich vielschichtig, aber Neva erklärte uns grob, worüber ihre Eltern sich stritten.

Ich habe ja schon erzählt, dass die Insel an vielen Stellen aussieht wie eine Mondlandschaft. Neva sagte, dass das im Mittelalter noch ganz anders gewesen sei. Damals gab es auf der ganzen Insel Wälder. Ich konnte mir das kaum vorstellen, aber es muss wunderschön gewesen sein! Angeblich war das Holz aus den Wäldern perfekt gewesen, um Schiffe zu bauen. Logisch, dass dieses Material sehr begehrt war. Schiffe auf einer Insel zu bauen, die genügend Holz im Angebot hat, ist so ziemlich das Sinnvollste, was ich mir vorstellen kann. Leider wurde damals viel zu viel abgeholzt. Weil es aber immer weniger Bäume gab, konnte der Wind das bisschen fruchtbare Erde, das da war, einfach ins Meer pusten. Deshalb wurde die Insel immer kahler und kahler.

Um die Hotelanlage zu bauen, wurde von dem wenigen Grün, das noch da war, noch einmal eine große Fläche weggemacht. Ich erinnerte mich an den vielen Staub auf dem Parkplatz. So würde es schnell überall aussehen.

In der Umgebung des Partystrandes gab es außerdem die von Neva erwähnten Bauern, die Weiden für ihre Schafe brauchten. Das war das besonders Gemeine: Die »Schlange« kaufte ihnen ihre Weideflächen einfach ab. Sie bekamen aber viel zu wenig

Geld dafür, dass sie ihre Schafzucht deswegen kleiner machen mussten.

»Warum machen die das überhaupt mit?«, wollte Hummel wissen, als Neva uns die Sache erklärte.

Neva zuckte mit den Schultern. »Die Schlange behauptet, dass ihnen das Land sonst einfach so weggenommen wird. Sie sagt, der Tourismus wäre die Zukunft der Insel.«

»Stimmt das denn?« Jo runzelte fragend die Stirn. »Oder lügt sie?«

»Ich denke, es stimmt.« Neva malte gedankenverloren auf dem Blatt herum. »In den letzten Jahren wurde in der Bucht schon ganz viel aufgebaut. Ihr habt ja die Clubs gesehen. Im Sommer ist da abends alles voller Menschen. Wirklich, Tausende Leute sind da und feiern. Sie kommen mit Autos und Schiffen. Da gibt es Konzerte und Poolpartys, es ist megalaut und alle trinken Alkohol in Massen. Ihr solltet die Strände am Morgen sehen! Dann sind die Strandarbeiter vollauf beschäftigt, um den ganzen Müll wegzuräumen, der nach den Feiern liegen gelassen wird.«

Nachdenklich rieb ich mir die Schläfen. Bestimmt verdienten die Menschen, die auf der Insel arbeiteten, eine Menge an diesen Gästen. Das war schließlich auch wichtig. Aber dass dafür noch mehr Natur kaputt gemacht wurde, das war ein Problem.

»Also streiten deine Eltern deswegen, aber in Wirklichkeit ist die Hotelanlage nützlich für die Menschen, die auf der Insel arbeiten?«, hakte Sam nach.

Neva schüttelte den Kopf. »Nicht direkt. Meine Mutter sieht schon ein, dass der Tourismus den Leuten auf der Insel hilft. Aber sie findet, die Schlange übertreibt es. Dazu kommt noch, dass meine Eltern die Pläne für all die Details des Hotels kennen: die Müllentsorgung, wie es mit Wasser versorgt wird, wofür Energie benötigt wird und woher die kommen soll ... all das. Und da liegt das größte Problem.«

Hummel und Ante hatten sich mittlerweile schon auf den Matratzen ausgestreckt und es sah aus, als würden sie gleich einschlafen. Ich ärgerte mich ein bisschen darüber. Vielleicht waren sie zu klein, um Klimaretter zu sein? Es war ja wirklich ein bisschen schwer zu verstehen, warum eine coole Partyanlage schlecht für die Umwelt sein sollte.

»Dann sag uns mal, was deine Mutter so schlimm findet«, schlug Sam vor und legte ein neues Blatt hin. »Emmi schreibt es auf.«

Ich nahm den Stift und Neva zählte auf: »Der Hügel wird komplett abgeholzt und zugebaut.«

Ich schrieb. Dann merkte ich an: »Aber so groß sah die Baustelle doch gar nicht aus?«

Neva nickte. »Stimmt, das ist auch erst ein Fünftel der geplanten Fläche. Die Häuser dort sollen die ersten sein, die schon in diesem Sommer vermietet werden.«

»In diesem Sommer?«, quiekte Jo überrascht. »Wie soll das denn so schnell gehen?«

»Tja, das ist Grund Nummer zwei, der meine Mutter aufregt. Meinen Vater übrigens auch. Es wird superschnell gebaut, und das heißt: superschlampig.«

Schlampig gebaut, kritzelte ich auf das Papier.

»Die Wände der Häuser werden nicht gemauert, sondern aus Fertigplatten gemacht. Die halten weder einem echten Unwetter stand noch dämmen sie – das heißt, Lärm, Kälte und Hitze kommen durch.«

»Gibt es hier denn Unwetter?«, fragte Hummel, der also doch noch zuhörte. »Tornados oder so?«

»Kaum.« Neva winkte ab. »Aber überlegt mal. Es gibt seit Jahren immer öfter extremes Wetter. Letztes Jahr hat es zum Beispiel tagelang so stark geregnet, dass es in manchen Teilen des Landes Erdrutsche gab. Oder die Waldbrände in Griechenland. So was kann es hier genauso mal geben. Stürme sind auch möglich.«

»Da wären feste Häuser wirklich besser«, stellte Hummel fest.

»Als Nächstes kommt das Wasserproblem. Da wird meine Mutter ganz besonders sauer. Ich hab doch erzählt, dass sie Professorin an der Uni ist. In Split kann man Ozeanologie studieren. In ihren Vorlesungen geht es zum Beispiel um die Artenvielfalt der Ozeane oder um das Gleichgewicht zwischen Salz- und Süßwasser in den Meeren.«

»Puh ...«, machte Ante und starrte an die Decke. »Müssen wir das jetzt auch studieren?«

Ich guckte ihn böse an. »Nee, müsst ihr nicht. Aber es schadet ja nichts, mal was zu lernen, oder?«

»Es sind aber Ferien«, maulte er.

Mein Blick wurde noch böser. Kleine Kinder haben manchmal Angst vor mir, weil ich so fies gucken kann.

Ante wirkte aber kein bisschen eingeschüchtert. »Ich will jetzt endlich mal was machen!«, meckerte er.

Hummel nickte zustimmend. Zum Glück hatte Sam eine Idee. Ich war nämlich langsam echt richtig sauer, dass die beiden Kleinen so schnell die Lust am Klimaretten verloren.

»Wisst ihr was, Jungs? Weil wir gerade vom Wasser reden, ist mir was aufgefallen.« Sam machte eine theatralische Pause, um die Spannung zu erhöhen.

»Wir haben Snacks dabei, aber viel zu wenig Getränke.«

Ich fand, dass es genügte. Jeder hatte eine Trinkflasche dabei.

Aber Sam wollte ja nur ablenken. Also bat er: »Könntet ihr vielleicht noch mal zurückgehen und uns was zu trinken holen?«

Oskar war begeistert. »Ante, meine Mutter hat doch gestern Limo gekauft. Frag sie mal, ob wir zwei Flaschen haben dürfen. Sie sagt bestimmt Ja.«

Ante und Hummel sprangen erleichtert auf.

»Okay, wir beeilen uns«, versprach Ante und rannte zur Tür.

»Nur die Ruhe!«, rief Sam ihm nach.

Hummel und Ante liefen davon und wir konnten uns wieder auf unsere Mission konzentrieren.

»Du wolltest uns was vom Süßwasser erzählen, glaube ich«, erinnerte ich Neva.

Sie machte weiter. »Für die Hotelanlage wird sehr viel Trinkwasser benötigt. Nicht nur zum Trinken, auch zum Duschen, für die Wäsche und so weiter.

Auf der Insel gab es schon mehrmals echte Probleme mit dem Wasser. Wenn es im Sommer zu wenig regnet, dann reicht es teilweise nicht mal für die Bewohner der Insel. Das Wasser muss dann mit Marineschiffen vom Festland hergebracht werden. Davon bekommt jeder Haushalt eine bestimmte Ration und mehr darf man nicht verbrauchen.«

»Krass ...«, sagte Sam.

Ich stellte mir vor, wie schwierig es wäre, im Sommer nicht genug zu trinken zu haben.

»Das Ding ist«, erklärte Neva, »dass es eigentlich möglich wäre, in der Hotelanlage auf so was vorbereitet zu sein. Das Wichtigste wäre, Regenwasserzisternen anzulegen. Das sind große Tanks, in denen das Wasser gesammelt wird, wenn es regnet. Aber die Schlange hat das abgelehnt, weil sie es zu teuer und zu kompliziert findet.«

Keine Sistärnen, schrieb ich auf. Gut, ich habe es wahrscheinlich falsch geschrieben, aber jeder wusste, was gemeint war.

»Und zum Schluss noch was.« Neva holte tief Luft. »Es braucht natürlich auch viel Energie, um in so einer Hotelanlage genügend Strom zu haben. Für Licht, Kühlschränke, Klimaanlagen, Fernseher, die Küche, die Wäscherei und so weiter.« Sie stand auf und ging ans Fenster. Von dort aus fragte sie Sam, Oskar und mich: »Was würdet ihr als Stromquelle vorschlagen, wenn ihr eine Hotelanlage hier auf der Insel bauen würdet?«

Sam war der Erste, der antwortete, aber ich hatte das Gleiche gedacht: »Eine Solaranlage natürlich!«

Neva nickte zufrieden. »Genau«, sagte sie. »Aber auch das wollte die Schlange nicht. Sie findet, es wäre viel zu aufwendig. Dabei gibt es hier wirklich nichts reichlicher als Sonne!«

»Also haben wir jetzt auf unserer Liste: schlampiges Bauen, Abholzung, Trinkwasser- und Energieprobleme.«

»Ja«, sagte Neva. »Und dabei haben wir noch nicht über den Müll, das Abwasser und die vielen Autos gesprochen.«

»Puh ...«, sagte nun auch Jo. »Das ist ganz schön viel. Und wie wollen wir dagegen jetzt was unternehmen? Das ist ja auch gar nicht alles nur die Schuld der Schlange, oder?«

»Natürlich nicht«, gab Neva zu. Sie sah Oskar an. »Wenn es um das Klima geht, dann bist du auch schuld an den ganzen Katastrophen.«

Oskar riss die Augen auf. »Hä?«, rief er beleidigt. »Was hab ich denn jetzt damit zu tun?«

Neva grinste und schaute uns andere an. »Ihr genauso«, behauptete sie frech.

Wir tauschten verwirrte Blicke. Worauf wollte sie hinaus?

Neva setzte sich auf den Fenstersims und zeigte in den Himmel hinauf. »Guckt, da oben ist gerade so ein Klimazerstörer«, sagte sie triumphierend. »Oskar – Ante und du, ihr kommt jedes Mal mit dem Flugzeug nach Kroatien, hab ich recht?«

»Boah«, machte Oskar genervt.

Ich wusste schon, was Neva jetzt sagen wollte. Deshalb machte ich es gleich selbst: »Aha, und wir sind mit dem Auto gekommen. Das ist auch nicht gut für die Umwelt. Du meinst also, wir sollten lieber alle zu Hause bleiben oder nur da Urlaub machen, wo wir mit dem Fahrrad hinfahren können?«

»Zum Beispiel«, lachte Neva, winkte aber gleich ab, als Oskar protestieren wollte. »Ich weiß doch, dass deine halbe Familie hier wohnt, Oskar«, beschwichtigte sie ihn. »Ich wollte euch auch gar kein schlechtes Gewissen machen. Ich meine nur: Natürlich ist die Schlange nicht an allem schuld. Wir haben alle unseren Anteil daran, dass es mit dem Klima so verrückt zugeht. Aber wir haben unsere Bande doch gegründet, um diese eine Sache hier auf der Insel zu verhindern, solange man es noch besser machen kann.«

Ich fand, dass sie das gut auf den Punkt gebracht hatte. Wenn man nämlich die Welt retten will, dann kann man ganz schnell den Mut verlieren. Es läuft so vieles schief, dass es sich anfühlt, als könnte man sowieso nicht wirklich etwas tun. Aber Neva hatte recht: Wir konnten eine Sache nach der anderen angehen. Die Schlange war ein guter Anfang.

Sam reichte mir einen Schokoriegel und Jo nahm sich auch einen. Dann schlug Sam vor: »Lasst uns mal planen, wie wir anfangen.«

Neva kam zurück zum Matratzenkreis und wir konzentrierten uns auf die Mission. Der Plan war, die Leute, die in der Umgebung des Partystrandes arbeiteten, auf die Fehler der Projektmanagerin aufmerksam zu machen, ohne dabei entdeckt zu werden.

»Wir könnten die Infos an das Radio geben«, schlug Jo vor.

»Oder über die sozialen Medien was verbreiten. TikTok, Instagram, Twitter ... über so was halt.«

Ich hörte mir die Vorschläge an. Das erschien mir alles zu kompliziert, um es in kurzer Zeit zu machen. Es musste doch etwas geben, was auch ohne die Hilfe von Erwachsenen oder einem Handy Aufmerksamkeit erregte.

»Wie wäre es mit ganz einfachen Zetteln?«, fragte ich in die Runde.

Die anderen schauten mich an, als hätte ich den Verstand verloren. Aber ich meinte es ernst.

»Wenn wir Plakate und Flyer machen und die in jeden Briefkasten werfen und an alle Laternen kleben – das fällt doch auf, oder? Dann berichtet vielleicht die Zeitung darüber und die Schlange muss sich rechtfertigen.«

Neva runzelte nachdenklich die Stirn. »Dafür müssten wir aber wirklich sehr viele Zettel verteilen«, überlegte sie laut.

»Erst müssten wir die Zettel sogar schreiben«, sagte Jo wenig begeistert.

Ich hatte nicht bedacht, dass wir keinen Drucker oder Kopierer hatten. In einen Copyshop konnten wir schlecht gehen, wenn wir anonym bleiben wollten.

Beinahe hätten wir die Idee verworfen, wenn in diesem Moment nicht Ante und Hummel wieder hereingestürmt wären. Sie hatten eine Nachricht für uns, die alles änderte.

Die Luxusyacht

Die Jungen waren ziemlich außer Atem. Sie waren den ganzen Weg gerannt. Die Limoflaschen hatten sie dabei, aber das war gar nicht wichtig.

»Dein Onkel hat angerufen!«, japste Ante, kaum dass er sich auf die Matratze hatte fallen lassen. »Der Mann ...« Er schnappte nach Luft und Hummel beendete seinen Satz: »Der Mann, dem die Uhr gehört, will uns treffen.«

Ich bekam einen Schreck. Warum wollte ein fremder Mann uns Kinder treffen? Das würden unsere Eltern bestimmt nicht erlauben.

»Dein Onkel kennt den ja«, sagte Ante aber zu meiner Beruhigung. »Er würde auch mitkommen, hat er gesagt.« So langsam kam er wieder zu Atem. Er öffnete eine der Limoflaschen und nahm einen tiefen Schluck, bevor er sie an Hummel weiterreichte.

»Er ist so glücklich, seine Uhr wiederzuhaben, dass er uns auf seine Yacht einlädt. Er will uns echt einen Finderlohn geben. Und er meint, wir könnten eine Runde Minigolf bei ihm spielen. Er hat eine eigene Anlage auf seinem Schiff!«

Auf einer Yacht war ich natürlich noch nie gewesen. Ich stellte mir das ganz komisch vor, so einen reichen Mann zu besuchen. Außerdem: Hatten wir nicht gerade über Umweltverschmutzer geredet? So eine Yacht war ja wohl wirklich was ganz Unnötiges. Andererseits fand ich die Sache schon sehr aufregend. Als wir das Bernsteinzimmer gefunden hatten, dachte ich, wir wären plötzlich reich. Das stimmte aber gar nicht. Das Ding ist so wertvoll und berühmt, dass es in ein Museum gehört. Wir bekamen zwar eine Anerkennung, aber den Schatz durften wir natürlich nicht behalten. Mit der Uhr war es nicht viel anders: Wir hatten sie gefunden, aber sie gehörte dem reichen Mann. Es war super, dass der uns einen Finderlohn geben wollte. Und wenn er eben schon eine Yacht hatte, dann konnten wir doch auch sein Angebot annehmen, darauf eine Runde Minigolf zu spielen.

»Klingt toll«, sagte Neva. Ich hätte gedacht, sie wäre dagegen. »Wann soll das Treffen denn stattfinden?«

Hummel gab die Limoflasche an Sam weiter.

»Dora sagte, sie bringt uns nach dem Mittagessen hin, wenn unsere Eltern einverstanden sind«, berichtete er.

Jo sah auf seine Uhr. »Oha, das wäre schon bald!«

»Wie spät ist es denn?«, fragte ich. Mein Zeitgefühl war ganz verloren gegangen.

»Kurz vor elf«, gab Jo zurück.

Wir hatten verabredet, um zwölf wieder im Ferienhaus zu sein.

Sam nahm sich einen Schreibblock aus Nevas Kiste. »Kommt, wir überlegen uns schon mal, was wir auf die Zettel schreiben wollen, bevor wir gehen.«

Ante und Hummel sahen ihn verwirrt an. Ich freute mich, dass er meinen Vorschlag ernst nahm.

»Emmi hatte die Idee, dass wir Plakate und Zettel machen, um die ganzen umweltschädlichen Sachen ins Gespräch zu bringen, die die Schlange mit ihrer Hotelanlage verursachen würde«, versuchte er zu erklären.

Die beiden Jungs guckten immer noch etwas verständnislos, aber Neva sagte ungeduldig: »Gut, schreiben wir was auf. Heute Nachmittag überlegen wir dann, wie wir es schaffen, genügend Zettel zu drucken und zu verteilen. Ihr werdet das schon noch verstehen, Ante.«

»Und was ist mit der Yacht?«, wollte Hummel wissen.

»Da gehen wir natürlich auch hin. Und dann übernachten wir alle bei meinem Onkel am Partystrand.«

Jo blinzelte verwundert. »Wie bitte?«, fragte er. »Wie kommst du denn jetzt darauf?«

Grinsend warf Neva ihm einen Stift zu. »Tagsüber werden wir ja wohl die Blätter nicht verteilen können, oder?«

Mir schwirrte langsam der Kopf. Wir wussten doch noch nicht einmal, wie wir genügend Zettel drucken konnten! So, wie Nevas Augen wieder funkelten, hatte sie aber schon einen Plan.

»Ihr schreibt jetzt mal auf, was euch so an Sprüchen einfällt«, ordnete sie an. »Ich übersetze es dann auf Kroatisch.«

»So machen wir's«, stimmte Sam zu und begann, etwas auf sein Blatt zu kritzeln.

Ich dachte auch nach. »Wie wäre es, wenn wir einfach verschiedene Fragen aufschreiben? So was wie: *Woher kommt das Trinkwasser für die Hotelanlage?*«

Neva hob den Daumen. »Super!«

»Ich schreibe: *Wieso bauen Sie keine Zisternen, Frau Dubrova?*«, sagte Sam.

Wir kamen jetzt richtig in Fahrt.

»Woher kommt der gute Käse, wenn die Schafe verschwinden, Frau Dubrova?«

»Wieso nutzen Sie die Sonnenenergie nicht, Frau Dubrova?«

Hummel hörte uns zu. Während wir immer mehr Spaß an der Sache hatten, wurde er immer nachdenklicher. Schließlich fragte er leise: »Ist es nicht gemein, wenn überall der Name von der Frau draufsteht?«

Ich stutzte.

Jo gab zurück: »Aber sie ist doch wirklich dran schuld, also kann man auch ihren Namen nennen.«

Hummel strich sich über die Nase. »Schon«, stimmte er zu. »Aber für mich wäre es schlimm, wenn ich was falsch mache und mich dann alle dafür mobben.«

Mich nervte seine Fragerei. Er kapierte scheinbar nicht, um was es ging! Die Schlange wusste doch, dass es falsch war, was sie da machte. Keiner traute sich, sie darauf anzusprechen, und wir hatten die perfekte Lösung gefunden! Musste Hummel das kaputtmachen?

Aber dann fiel mir wieder ein, was Mama mir über Eva und die Schlange gesagt hatte. Darüber, dass wir manchmal die falschen Entscheidungen treffen, weil sie sich für uns gut anhören. Bestimmt hatte Frau Dubrova auch ihre Gründe, warum sie das Hotel so plante und dabei gar nicht an die Umwelt dachte. Vielleicht hatte Hummel recht. Es könnte noch einen anderen Weg geben, Frau Dubrova umzustimmen.

Ich strich den Namen auf meinem Papier durch und legte den Stift weg. »Ich glaube, wir sollten noch mal darüber nachdenken«, lenkte ich ein.

Neva, Sam und Jo warfen mir überraschte Blicke zu.

»Wir haben doch vorhin gebetet, dass Gott uns helfen soll, das Richtige zu machen«, fuhr ich fort. »Kann doch sein, dass er uns gerade durch Hummel etwas sagen will, oder?«

»Das klingt komisch für mich«, stellte Neva fest. Sie schaute mich an, als wäre ich ein bisschen verrückt geworden.

Jo verteidigte mich. »So komisch finde ich das gar nicht. Aber trotzdem: Die Zettel sind eine gute Idee. Wir müssen ja nicht den Namen draufschreiben.«

»Der macht es aber doch gerade so interessant!«, protestierte Sam. »Wir müssen provozieren, sonst bringt es nichts.«

Die Stimmung zwischen uns kippte ganz schön. Wir waren kurz davor, uns richtig zu streiten.

»Okay, Leute, ich hab einen Vorschlag«, schaltete Oskar sich ein. »Wir haben jetzt die ersten Entwürfe gemacht. Es ist sowieso Zeit, zum Mittagessen zu gehen. Währenddessen können wir ja alle noch mal darüber nachdenken.«

»DENKEN, Hummel, nicht reden, okay?«, sagte Sam.

»Warum sagst du MIR das denn?«, fragte Hummel beleidigt.

Ich fand es gut von Sam, denn wir kannten unseren kleinen Bruder. Hummel erzählte alles, was ihn beschäftigte, der ganzen Welt.

»Und dann entscheiden wir auf dem Weg zur Yacht, ob wir das so schreiben wie geplant oder ob uns was Besseres eingefallen ist«, meinte Oskar.

»Na gut«, willigte Neva ein und begann, das Schreibzeug einzusammeln. »Ich finde aber immer noch, dass die Schlange es verdient hat, gemobbt zu werden.«

Keiner erwiderte etwas darauf.

Wir versteckten die Kiste im unteren Teil des Turms, nahmen unsere Sachen und gingen zurück zum Dorf. Die gute Laune vom Morgen war verflogen und ich fragte mich, ob wir wirklich das Zeug dazu hatten, Klimaretter zu sein.

Daran änderte auch das Mittagessen wenig.

Mama hatte einen leckeren Kartoffelauflauf gemacht, aber ich stocherte eher lustlos darin herum. Unsere Pläne kamen mir auf einmal so kindisch vor. Was sollte es schon bringen, Zettel zu schreiben? Selbst wenn wir ein paar am Strand und in der Nachbarstadt verteilten: Wen würde es interessieren? Bestimmt wussten die Leute doch längst, dass die Hotelanlage schlecht geplant war. Wenn es wirklich so schlimm war, hätten dann nicht irgendwelche Behörden längst etwas unternommen?

»Was ist eigentlich mit euch los?«, fragte Mama schließlich.

Jo wirkte ähnlich frustriert wie ich und auch Sam hatte kaum geredet, seit wir zu Hause waren.

Hummel platzte heraus: »Das ist wegen der geheimen Aktion!«

»Boah, Hummel!«, schimpfte Jo und gab dem Kleinen einen Schubs mit dem Ellbogen.

Hummel verzog das Gesicht, als würde er gleich losheulen.

Mama schaute misstrauisch von einem zum anderen. »Welche geheime Aktion denn nun schon wieder?«, wollte sie wissen. »Hatten wir nicht gestern schon geklärt, dass wir nichts voreinander verbergen wollen?«

Ich machte: »Hach!«, und sah Mama ins Gesicht. »Das ist nicht so was wie die Sache mit dem Boot«, versuchte ich, sie zu besänftigen. »Eher eine Art ...«

»Eine Art Überraschung«, sprang Sam mir bei.

Jo rollte mit den Augen.

Lany fragte hoffnungsvoll: »Eine Überraschung für mich?«

»Nein, es geht eher um Neva«, gab ich zurück. »Mama, ist es okay, wenn wir es dir erst erzählen, wenn es fertig ist?«

Hummel kratzte betroffen auf seinem Teller herum.

Leider war Mama diesmal ziemlich hartnäckig. Ich denke, sie vertraute uns nicht so ganz, nach der Sache mit der Bootsfahrt.

»Ich hatte mir unseren Urlaub hier eigentlich anders vorgestellt«, sagte sie ein bisschen vorwurfsvoll. »Wir haben noch gar nichts zusammen unternommen.«

»Wir konnten ja auch nicht wissen, dass wir hier gleich so tolle Leute kennenlernen«, meinte Jo. »Neva und die anderen kennen sich hier einfach richtig gut aus und es macht so Spaß, was mit ihnen zu machen. Du bist doch bestimmt froh, dass du mit Dora und der Mama von Ante in Ruhe reden kannst, oder?«

Mama wiegte unschlüssig den Kopf.

»Hat Dora dir eigentlich schon gesagt, dass der Besitzer der Uhr uns treffen möchte?«, fragte Sam. »Du weißt schon, wir haben euch doch gestern davon erzählt.«

Der Themenwechsel funktionierte. Dora hatte wirklich mit Mama geredet und zusammen mit der Mutter von Ante und Oskar hatten sie sich dazu entschieden, uns zu begleiten. Lany durfte natürlich auch mitkommen. Ohne ihren kleinen Unfall hätten wir die vergrabene Uhr schließlich gar nicht gefunden.

Die Aussicht, den Nachmittag mit allen drei Müttern zu verbringen, war irgendwie auch nicht besonders verlockend. Wie sollten wir denn unter diesen Umständen weiterplanen?

Das Ganze war aber sowieso beschlossene Sache, also nahm ich mir vor, einfach mitzumachen, ohne viel darüber nachzudenken.

Mama brachte uns dazu, unsere besten Klamotten anzuziehen, bevor wir ins Auto stiegen. In meinem Fall waren das die Jeanshose, die ich auf der Hinreise getragen hatte, und eine hellblaue Bluse von Neva. Die war schätzungsweise im letzten Jahrhundert mal modern gewesen, aber Mama fand sie toll. Ich hoffte nur, dass an diesem Nachmittag niemand Fotos machen würde.

Das Treffen sollte in Zadar stattfinden, der Hafenstadt auf dem Festland, in der Papa gerade arbeitete. Dorthin war der Uhrenmann mit seiner Yacht gefahren. Nevas Onkel würde dort zu uns stoßen.

Wieder fuhren wir über die halbe Insel. Die Trockenheit fiel mir diesmal noch stärker auf als zuvor. Hier sollte es früher wirklich Wälder gegeben haben? Unvorstellbar. Ob es wohl bei uns zu Hause auch irgendwann so kahl aussehen würde? Ich weiß aus der Schule, dass auch das Erzgebirge früher von einem undurchdringlichen Wald bewachsen gewesen sein soll. Der hat Miriquidi geheißen. Ein schöner Name für einen Wald, wie ich finde.

Die Mondlandschaft machte mir jetzt ziemlich zu schaffen. Ich wollte so unbedingt, dass wir Neva helfen konnten. Wenigstens ihre Eltern sollten sich wieder versöhnen! In Zadar angekommen, wurde ich dann aber doch wieder von den schweren Gedanken abgelenkt. Wir parkten die Autos und schlenderten durch die echt schöne Altstadt. Die Häuser wirkten fast antik, wie aus der Legende von Bona und Mala.

Neva lief neben mir her und erzählte von Tuchhändlern und Sklavenmärkten, als wäre sie ausgebildete Touristenführerin. Die Mütter spendierten uns Eis. Später entdeckten wir einen Süßigkeitenladen, in dem es alles gab, was man sich so erträumen konnte. Mama war in Spendierlaune und erlaubte jedem von uns, eine kleine Tüte mit dem zu füllen, was uns am besten gefiel.

Dann gelangten wir an den Hafen.

Viele Boote in unterschiedlichen Größen lagen dort an den Stegen. Nahe am Wasser stand Nevas Onkel und winkte uns zu. Der Mann neben ihm trug ein faltenfreies kurzärmliges Hemd, helle Stoffhosen und am Handgelenk die Rolex-Uhr. Ansonsten wirkte er gar nicht wie ein reicher Typ, sondern sah eigentlich sehr normal und sympathisch aus.

»Da sind sie ja!«, rief Nevas Onkel, als wir näher kamen. »Schön, dass es geklappt hat.«

Die Erwachsenen begrüßten einander höflich. Wir Kinder hielten uns noch im Hintergrund.

Aber der Uhrenmann strahlte uns an. »Ihr seid also meine Retter!«, sagte er auf Englisch.

Zum Glück lerne ich gerne Sprachen und bin in Englisch schon ganz gut. Ich traute mich zwar nicht, ihm zu antworten. Die Sätze klingen nämlich immer nur in meinem Kopf gut. Wenn ich sie ausspreche, wird es vor lauter Aufregung ein totales Kauderwelsch. Immerhin verstand ich ihn aber problemlos. Hummel und Jo dagegen schauten sich fragend an. Schnell übersetzte ich für sie.

»Seid ihr bereit für einen kleinen Besuch auf meinem Schiff? Ich habe Kuchen bereitstellen lassen.«

Ich war gespannt, welches der Boote ihm gehören mochte.

Die beiden Männer gingen uns voran auf einen der Anlegestege. Ich war ehrlich gesagt ziemlich enttäuscht, als sie uns auf ein kleines Motorboot brachten. Das sollte eine Yacht sein? Da hätte ich wirklich mehr erwartet. Wo hier Kuchen sein sollte, war mir schleierhaft – ganz zu schweigen von einer Minigolfanlage.

Wir quetschten uns alle in das Boot, an dessen Steuer noch ein fremder Mann stand. Der trug ein weißes Poloshirt mit einem Schriftzug, der wie eine Firmenwerbung aussah. Auf dem Rücken hatte das Shirt den Aufdruck *Crew*. Er ließ den Motor an und parkte langsam aus.

»Jack bringt uns zur Yacht«, erklärte Nevas Onkel auf Kroatisch. Neva übersetzte es uns.

Überrascht zog ich die Augenbrauen in die Höhe.

Das Boot glitt über das Wasser und entfernte sich immer weiter von der trubeligen Hafenstadt. Schließlich wurde das Gewässer etwas weiter. Und da kam sie in Sicht: eine riesige silberne Yacht. So etwas hatte ich noch nie aus der Nähe gesehen! Sie blitzte, als würde jemand sie täglich putzen. Wie groß sie war! Mehrere Etagen waren an den Fenstern erkennbar. Auf einem Deck waren Sonnenstühle aufgestellt.

Stolz brachte uns der Besitzer an Bord. Alles war edel: der Fußboden, die Geländer, Lampen, Möbel, alles! Ich kam mir vor wie in einem Film. Warum freute sich so ein reicher Mensch bloß so sehr, dass wir seine Uhr wiedergefunden hatten? Klar, die war wertvoll. Aber er hätte sich bestimmt problemlos drei neue kaufen können.

Die Antwort bekamen wir, als wir an der Kaffeetafel saßen. Sie stand auf einem der drei Sonnendecks. Wir hatten an dem großen ovalen Tisch Platz nehmen dürfen, auf dem ein blütenweißes Tischtuch lag. Die Stühle hatten hohe, gepolsterte Lehnen und waren sehr bequem. Trotzdem saßen wir ziemlich steif darauf und versuchten, uns irgendwie besonders vornehm zu verhalten. Das klappte eher weniger gut. Die Mütter warfen uns die ganze Zeit strenge Blicke zu. Besonders Ante, Hummel und Lany bekamen viele davon ab. Sie waren so aufgeregt und zappelten herum.

Schließlich lachte der Uhrenbesitzer fröhlich und sagte, wie Neva es uns weitergab: »Macht euch ruhig locker! Ihr müsst euch nicht extra brav benehmen. Wenn meine Enkel da sind, geht es hier auch viel spaßiger zu.«

Zwei Frauen, die die gleichen Poloshirts trugen wie Jack, brachten Kuchen und Getränke.

»Greift zu«, forderte der Mann uns auf. »Und macht euch keine Sorgen um das weiße Tischtuch.«

Ich konnte beinahe sehen, wie meiner Mutter ein Stein vom Herzen fiel.

Während wir aßen, erzählte der Uhrenmann, wie er seine Rolex verloren hatte. Er hieß Jacob, wohnte in Großbritannien und besaß eine Landmaschinenfirma. Er hatte letztes Jahr mit seinem ältesten Sohn am Partystrand gefeiert. Am Morgen hatten sie noch eine Runde schwimmen wollen, bevor sie zurück auf ihr Schiff fuhren. Beim Umziehen war ihm die Uhr unbemerkt vom Handgelenk gerutscht. Es war ein Wunder, dass sie unter dem Kies verschwunden war, bevor irgendjemand sie finden und mitnehmen konnte.

»Jeder andere hätte sie einfach behalten«, behauptete Jacob und sah uns dankbar an. »Ich bin so froh, dass ihr sie abgegeben habt! Wisst ihr, diese Uhr ist ein Geschenk von meiner Frau. Sie ist leider vor zwei Jahren gestorben.«

»Wie traurig!«, rief Lany aus und Mama ergänzte: »Mein herzliches Beileid.«

Jacob strich sich eine Träne aus dem Augenwinkel und lächelte. »Danke. Sie war eine wundervolle Frau.« Dann lächelte er wieder und fragte uns Kinder: »Wie sieht es aus, wollt ihr nach dem Essen eine Runde Minigolf spielen? Oder habt ihr einen anderen Wunsch?«

Neva und ich sahen uns an. Ich glaube, wir überlegten beide, ob es an Bord der Yacht vielleicht ein Büro mit einem Drucker gab. Dort hätten wir am liebsten weiter an unseren Zetteln gearbeitet, denn an etwas anderes zu denken, fiel uns beiden schwer.

Aber Jo hatte eine andere Idee.

Die versunkene Stadt

»Wissen Sie, wir waren gestern auch auf einem Boot«, erzählte Jo Jacob mithilfe von Mama, die übersetzte. »Neva wollte uns zeigen, wo es früher noch Städte gab, die hier im Meer versunken sind. Aber wir hatten ein paar Probleme mit dem Segeln. Deshalb wollte ich fragen, ob Sie uns vielleicht mit ihrem Schiff dorthin bringen könnten.«

Ich hatte beinahe schon vergessen, dass Neva das vorgehabt hatte. Jo dachte natürlich noch daran, denn er hoffte wahrscheinlich, das kroatische Atlantis zu finden.

»Davon sieht man nichts mehr«, wehrte Neva ab. »Ich wollte euch auch nur die Küste zeigen. Man kann doch vom Schiff aus sowieso den Meeresboden nicht sehen. Schon gar nicht, wenn es so ein großes Schiff ist! Das kann nur in ziemlich tiefem Wasser fahren. Und überhaupt, das sind doch vor allem Legenden ... Ich wollte mich einfach ein bisschen wichtigmachen.« Das Letzte sagte sie sehr leise.

Ich legte ihr die Hand auf den Arm. Es sollte ihr nicht mehr peinlich sein.

Aber Jacob strahlte. »Es ist toll, dass dich das interessiert, Junge! Leider weiß ich von keiner versunkenen Stadt hier in der Nähe. In Korcula wurde eine Straße unter Wasser entdeckt. Sie ist siebentausend Jahre alt! Dort könnte man sogar hintauchen. Sie liegt nur fünf Meter unter der Wasseroberfläche. Aber es ist ziemlich weit weg von hier. Wir würden mit dem Schiff ungefähr sechs Stunden brauchen. Ich glaube, damit wären eure Eltern nicht einverstanden.«

Jo guckte enttäuscht. Er hätte so gern wieder eine Schatzsuche gemacht.

»Wir könnten aber zu einer Grotte fahren und dort ein bisschen schnorcheln«, schlug Jacob vor. »Man sieht da zwar keine Ruinen oder Schatztruhen, dafür aber Fische und Seeigel.«

Das fanden alle gut. Kurze Zeit später setzte sich die Yacht in Bewegung. Wir fuhren an der Küste entlang und spielten Minigolf, bis wir in einer Bucht ankerten. Mit dem kleinen Boot brachte Jack uns in die Nähe des Ufers. Es war Wahnsinn, was Jacob alles an Bord hatte. Er stattete uns mit Neoprenanzügen und Tauchmasken aus. Nur Lany und Hummel konnten nicht mitmachen, weil ihre Schwimmkünste noch nicht so ausgeprägt waren. Allerdings störte sie das nicht, denn Jacob hatte ein eigenes Kino auf der Yacht. Während wir zum Schnorcheln gingen, machten Hummel, Lany, Oskar und Dora sich einen gemütlichen Filmnachmittag.

Ich war begeistert davon, mit Neva und den drei anderen die Welt unter Wasser zu erkunden. Gut, es gab nur ein paar ziemlich normale Fische zu sehen. Nicht so bunt und groß wie die in den Seewasseraquarien. Aber es ist einfach etwas ganz anderes, wenn man selbst mit im Wasser ist, als wenn man durch eine Glasscheibe schaut.

Wir blieben nicht sehr lange im Meer. Selbst mit Anzug war es noch relativ kalt.

Als wir wieder an Bord der Yacht waren, führte eine Frau aus der Crew uns zu den Duschen. Unterwegs entdeckten wir eine offene Tür, hinter der Regale mit Bettwäsche und Handtüchern standen.

»Wow«, sagte ich zu Neva. »Schau dir mal diese Menge an Bettzeug an!«

Die Frau, die uns führte, drehte sich um und seufzte. »Das ist wirklich viel, ja!«

Ich schaute sie überrascht an, weil ich erwartet hatte, dass sie uns gar nicht verstehen konnte. »Oh, Sie sprechen Deutsch?«, fragte ich nach.

Die Frau lächelte. »Ich komme aus München. Die Crew hat sich Herr Jacob aus der ganzen Welt zusammengesucht. Mich hat er damals in einem Hotel kennengelernt, wo ich Zimmermädchen für seine Frau war. Aber das ist lange her.«

»Interessant«, behauptete Neva, ihre Stimme klang allerdings eher ungeduldig. »Aber was hat es mit der Bettwäsche auf sich? Sie wirkten so, als wäre die Menge belastend für Sie.«

»Das Verrückte ist, dass Herr Jacob uns gerade die alte Bettwäsche austauschen lässt«, erklärte die Frau. »Jetzt müssen wir die ganzen Laken wegwerfen, die er in den vergangenen Jahren angeschafft hat.«

»Wirklich?«, fragte Neva. Ich wunderte mich, dass ihre Stimme so begeistert klang. »Werden die ehrlich weggeworfen?«

Die Frau zuckte mit den Schultern. »Wir wollten sie verkaufen, aber es stimmt schon: Sie sind nicht mehr so ganz neu. Niemand möchte sie haben.«

»Oh«, machte Neva und ihre Augen funkelten mehr als je zuvor. »Ich hätte eine wirklich gute Verwendung für sie. Sagen wir mal, für so ungefähr zehn Stück.«

Ich hatte keine Ahnung, warum sie so scharf auf

alte Bettlaken war. Man konnte damit vielleicht Verstecke bauen, aber dafür war Neva ja wohl zu alt.

»Wenn du meinst«, gab die Frau zurück. »Ich kann den Chef fragen, ob ich euch welche geben kann. Es sind so viele!«

»Zehn Stück«, wiederholte Neva zufrieden. »Und vielleicht müssen die Mütter es nicht mitbekommen. Das wäre absolut super.«

Wir waren bei den Duschen angekommen und die Frau ließ uns allein. Neva und ich zogen die Neoprenanzüge aus und machten uns frisch.

»Was willst du denn mit den Bettlaken?«, fragte ich sie, während ich mir die Haare trocken rubbelte.

Neva grinste verschmitzt. »Bettlaken sind doch viel besser als Zettel!«

Auf diese Idee wäre ich nicht gekommen. Neva hatte recht: Wenn wir die Botschaften auf die Bettlaken schrieben und die dann aufhängten – das würde auf alle Fälle auffallen!

Ich glaubte nicht wirklich, dass Jacob zustimmen würde. Aber als wir mit der Yacht wieder dort ankamen, wo wir zugestiegen waren, überreichte er Nevas Onkel ein schweres Paket.

»Kinder, es hat mir wirklich Spaß gemacht, mit euch den Nachmittag zu verbringen«, sagte er, kurz bevor wir in das Motorboot stiegen. »Hier habe ich für jeden von euch einen Umschlag mit Finderlohn.« Er teilte die weißen Kuverts aus. Nevas Onkel trug das Paket an Bord des Motorbootes, ohne ein Wort darüber zu verlieren. Mama und die anderen beiden Mütter achteten nicht darauf, denn sie waren viel neugieriger auf unsere Umschläge.

»Vielen Dank!«, jubelte Jo und wir anderen schlossen uns an.

Wir verabschiedeten uns und wurden zurück nach Zadar gebracht.

Mittlerweile war es Abend. Neva fuhr im Auto ihres Onkels in unser Dorf. Zurück in unserem Ferienhaus war auch Papa wieder da.

Beim Abendessen erzählten wir uns gegenseitig von unseren Erlebnissen. Sam und ich machten anschließend den Abwasch in der kleinen Küche.

»Schade, dass wir jetzt mit der Zettelaktion nicht weitergekommen sind«, raunte er mir zu, sobald sicher war, dass keiner auf uns achtete.

Ich lächelte geheimnisvoll. »Neva hat was Krasses organisiert«, verriet ich ihm. »Ich schätze, wir treffen uns morgen noch mal und starten was ganz Großes.«

Sam war neugierig, aber ich erzählte nicht mehr als das.

Ein wenig später klingelte es an der Haustür. Natürlich war es Neva.

»Können wir irgendwo ungestört reden?«, fragte sie, nachdem sie unsere Eltern höflich begrüßt hatte.

»Im Jungsschlafzimmer«, schlug ich vor.

Zum Glück war Lany schon im Bett. Es wäre zu riskant gewesen, wenn sie mitgehört hätte.

»Mama, Papa, wir quatschen noch ein bisschen im Jungszimmer«, teilte ich meinen Eltern mit.

Hummel saß an Papa gekuschelt auf dem Sofa und machte keine Anstalten mitzukommen.

»Viel Spaß!«, gab Papa zurück.

Wir zogen uns mit Sam und Jo zurück und machten es uns auf ihren Betten gemütlich.

Neva verkündete die Neuigkeiten. »Jacob hat uns alte Laken von seiner Yacht geschenkt«, fing sie an.

Jo guckte verwundert. »Wozu denn das?«, fragte er. »Er hat uns doch schon allen Geld gegeben. Aber warum ausgerechnet Bettlaken?«

»Weil ich mir das gewünscht habe«, erklärte Neva grinsend. Sie genoss Jos Verwirrung offensichtlich sehr.

Sam dagegen hatte sofort verstanden, worum es ging. »Wir schreiben unsere Botschaft also nicht auf Plakate, sondern auf Laken!«, stellte er begeistert fest.

Jo klatschte sich auf die Oberschenkel. »Wie cool! Ja, das ist natürlich eine super Idee! Wann machen wir es? Gleich morgen früh?«

Neva wackelte mit dem Kopf. »Wir müssen erst noch Farbe besorgen«, wandte sie ein. »Das gibt es im Baumarkt. Ich weiß noch nicht, wie wir da hinkommen. Zum Laufen ist es zu weit und ein Fahrrad habe ich hier nicht.«

Eine Weile überlegten wir alle. Dann schlug ich vor: »Vielleicht können wir deinen Onkel einweihen?«

Neva war unschlüssig. Sie knibbelte mit den Fingern an der Patchworkdecke herum, die als Überwurf auf dem Bett lag. »Wahrscheinlich bleibt uns nichts anderes übrig«, lenkte sie schließlich ein.

Wir einigten uns darauf, dass sie ihn anrufen würde. Er hatte sowieso das Paket von Jacob bekommen. Neva meinte, er wisse nicht, was drin war. Sie hatte ihn gebeten, es auf den Dachboden des Hauses zu stellen, in dem Neva und ihr Vater wohnten.

»Wir müssen ihm ja nicht sagen, wofür wir die Farbe brauchen«, meinte Sam. »Wenn es klappt, dann fährst du morgen mit ihm zum Baumarkt. Sobald ihr zurück seid, machen wir die Plakate. Und dann hängen wir sie auf … Wir sind ja auch nur noch drei Tage hier, also muss es schnell gehen!«

Es klang immer noch ein bisschen unmöglich, aber Sam hatte recht. Wir mussten es einfach machen, und zwar bald. Vielleicht würde es gar nichts bewirken. Aber einen Versuch war es wert.

Neva verabschiedete sich an diesem Abend früh.

In der Nacht träumte ich von einer märchenhaften Stadt. Die Häuser waren aus weißem Stein gebaut. In den Gassen wimmelte es von Menschen. Ich schob mich zwischen den Marktständen hindurch. Gewürze, Schmuck und Süßigkeiten wurden mir angeboten. Ich lief und lief, aber ich wusste nicht, wohin. Plötzlich sah ich das Meer. Eine riesige Welle baute sich auf und ich fing an zu rufen: »Lauft weg! Die Stadt versinkt! Die Stadt versinkt!«

Die Welle spülte in die Stadt hinein und alles wurde überflutet. Auf einmal trug ich einen Neoprenanzug und schnorchelte zwischen den Häusern herum. Die Menschen liefen immer noch, wie vorher, zwischen Ständen umher. Statt ihrer Gesichter hatten sie aber Fischköpfe. Da entdeckte ich auf einmal den Thunfischturm. Aus den oberen Fenstern schauten Neva und ihr Vater heraus. Zwischen ihnen flatterte etwas, das sie in den Händen hielten. Ich schwamm näher heran und da konnte ich es sehen: Es war ein weißes Bettlaken, auf dem stand:

Rette uns!

Mit klopfendem Herzen wachte ich auf.

Wir hatten noch drei Tage Zeit, um etwas zu unternehmen.

Farbe und Tränen

Natürlich wäre es zu schön gewesen, wenn alles gut gegangen wäre.

Am Morgen waren wir alle noch optimistisch. Dann kam Neva und sagte uns, dass ihr Onkel erst am Nachmittag Zeit habe, mit ihr zum Baumarkt zu fahren. Ich war echt enttäuscht, denn ich hätte so gern sofort losgelegt. Aber da mussten wir geduldig sein.

Mama schlug vor, einen Ausflug zu machen. Weil Papa wieder mit dem Auto in Zadar war, nahmen Dora und Antes und Oskars Mutter uns mit. Die Frauen wollten Mama die Insel zeigen und so fuhren wir ein weiteres Mal durch die steinigen Hügel. Am Ende wanderten wir durch Olivenhaine zu einem alten Kloster oben auf dem Berg. Dort gab es Essen: schon wieder den berühmten Käse und dazu Oliven. Ich gab mir Mühe, es positiv zu sehen, aber der Käse schmeckte immer noch nach Salz. Wieso mögen Erwachsene so was?

Die ganze Zeit musste ich an meinen Traum denken.

Von dem Berg aus schauten wir hinunter auf das blaue Meer. Es sah so schön und friedlich aus. Würde in ein paar Jahrzehnten wirklich ein großer Teil der Insel darin versunken sein? Und die Stadt Zadar: Wäre sie dann auch überflutet? Ich redete mit Sam und Jo darüber, wie komisch es ist, dass wir Menschen so tun, als könnte uns nichts passieren. Wie die Leute in meinem Traum. Als würden uns einfach Fischköpfe wachsen, wenn das Meer die Küsten verschlingt.

»Wir denken, dass es erst passiert, wenn wir schon nicht mehr leben«, sagte Sam. Er saß auf einem Stein und guckte nachdenklich. »Die Erwachsenen sagen zwar immer, dass sie an ihre Enkel denken müssen. Aber dann fahren wir mit dem Auto hier hoch auf diesen Berg und denken nicht darüber nach, dass wir schon wieder sinnlos Abgase ausstoßen.«

»Es sind ja auch nur ganz wenige«, wandte Jo ein. »Die großen Fabriken sind viel schlimmer.«

»Ja, aber wir kaufen ja auch Sachen, die in den großen Fabriken hergestellt werden«, hielt Sam dagegen.

»Also, ich trage Second-Hand-Klamotten«, sagte ich grinsend und zeigte auf Nevas T-Shirt.

Sam lachte. »Ist schon klar«, meinte er. »Los, kommt, Mama winkt uns zu sich. Es wird Zeit, dass wir zurückfahren. Hoffentlich konnte Neva die Farbe besorgen.«

Tatsächlich erwartete Neva uns bei unserer Rückkehr bereits.

»Oskar und Ante, wir fahren noch zu Oma«, sagte Dora, als die Jungen sich zu uns gesellen wollten.

Ante protestierte, aber es half nichts. Sie durften nicht mit uns kommen. Hummel flüsterte Ante etwas zu, dann stiegen die beiden Nachbarsjungen wieder ins Auto.

Wir ließen Lany bei Mama und folgten Neva in ihr Haus.

Es war ein altes Häuschen, aber sehr gemütlich eingerichtet. Der dunkle Gang, den ich am ersten Tag gesehen hatte, war nur kurz. Er führte zu einer Treppe, über die wir in die erste Etage gelangten. Hier gab es einen großen, hellen Raum mit modernen Möbeln. Ein riesiger Schreibtisch stand da, mit zwei Computerbildschirmen und einer Glasplatte.

»Hier arbeitet mein Papa an besonderen Projekten«, erklärte Neva und strich liebevoll mit der Hand über die Arbeitsfläche. »Aber meistens ist er auf einer Baustelle. So wie jetzt.«

Sie führte uns zu einer weiteren Treppe.

»Dort ist mein Zimmer« sagte sie und zeigte auf eine Tür, die nur angelehnt war. »Und dort drüben hatten meine Großeltern ihr Schlafzimmer, als sie noch hier gelebt haben. Aber lasst uns jetzt erst mal auf den Dachboden gehen. Ich habe die Farbe und die Laken dorthin gebracht.«

Gemeinsam kletterten wir nach oben. Es war ziemlich stickig, aber der Raum war größer, als ich erwartet hatte. Auf dem Holzboden lag das Paket. Eine Tüte mit Baumarkt-Beschriftung stand daneben.

Neva ging zu einem der Dachfenster und kippte es. »Also, mein Plan sieht so aus«, begann sie und kniete sich neben das Paket. »Wir überlegen noch mal, was wir aufschreiben wollen. Dann beschriften wir die Bettlaken und hängen sie auf die Wäscheleine.« Sie wies mit der Hand auf die Leinen, die über die gesamte Länge des Dachbodens gespannt waren. »Bis heute Abend sind sie bestimmt trocken. Dann können wir sie abnehmen. Die Frage ist nur: Wann bringen wir sie an den Strand?«

Irgendwie wussten wir wohl alle, dass unsere Eltern nicht begeistert wären, wenn wir noch einmal eine heimliche Nachtaktion machten.

»Darüber zerbrechen wir uns nachher den Kopf«, schlug Sam vor. »Lasst uns erst mal anfangen.«

Gemeinsam breiteten wir die Laken auf dem Boden aus. Zum Glück gab es wirklich jede Menge Platz. Neva, Sam, Jo und ich nahmen uns zuerst jeder ein Laken vor, denn Neva hatte vier Pinsel gekauft. Hummel war ein bisschen sauer, dass er nicht schreiben durfte, aber Neva schlug vor: »Du kannst unser Berater sein und darauf achten, dass wir nichts Gemeines schreiben.«

Sie hatte also auch über seine Worte nachgedacht; das freute mich.

Neva holte die Zettel mit den Notizen hervor, die wir am Tag zuvor gemacht hatten.

»Warum bauen Sie keine Solaranlagen, Frau Dubrova?«, las sie vor.

Hummel klatschte in die Hände. »Ihr könnt doch schreiben: *Ich gebe euch sauberen Strom! Eure Sonne.*«

Wir sahen uns an.

»Gar nicht übel«, meinte Sam. »Und auf das nächste Plakat kommt: *Wir bauen stabile Mauern! Eure lokalen Handwerker.*«

»Hey, das ist richtig gut!«, freute sich Jo.

Mir gefiel es auch. Also schlug ich vor: *»Ich sammle gutes Regenwasser. Eure Zisterne.«*

»Wir halten die Luft sauber! Eure Bäume.« Neva lachte. »Ja, das ist gut. Darüber kann keiner meckern. Überhaupt, solche netten Sprüche kann man doch sogar bei Tageslicht verteilen. Keiner kann sagen, dass wir damit jemanden anschwärzen, oder?«

Ich war unsicher. »Für deinen Vater ist es trotzdem nicht gut«, vermutete ich. »Ich meine, es ist ja ganz klar, dass sich das gegen die Art und Weise richtet, wie die Hotelanlage gebaut wird.«

Sam nickte zustimmend. »Da hat Emmi recht. Aber wir schaffen es schon, die Laken heute Nacht aufzuhängen. Irgendwie finden wir einen Weg. Und wenn ich es alleine mache.«

»Quatsch!«, protestierten Jo, Neva und ich gleichzeitig. »Wenn, dann machen wir das gemeinsam. Aber jetzt lasst uns erst mal schreiben.«

Es war gar nicht so einfach, mit Pinsel und Farbe auf den Laken zu schreiben, sodass wir die Aufgaben doch noch mal neu verteilten. Hummel und ich mussten den Stoff glatt ziehen und festhalten, damit Sam schreiben konnte. Neva hatte die Sprüche übersetzt und passte auf, dass Sam keine Fehler machte.

Nach zwei Stunden hatten wir sieben Bettlaken fertig.

»Puh, so langsam tut mir der Arm weh«, klagte Sam, als wir Laken Nummer sieben an die Leine hängten. Es sah beeindruckend aus, wie die Sprüche da alle prangten. Wir beschlossen, eine Pause zu machen, bevor wir die letzten Laken beschrifteten.

»Ich hole uns was zu essen«, schlug Neva vor.

Hummel bat: »Ich will kurz zu uns nach Hause laufen und meine Süßigkeiten holen.«

Er rannte die Treppe nach unten. Während Neva in ihrer Küche nach etwas Essbarem suchte, lehnten Sam, Jo und ich uns an die Wand und betrachteten stolz unser Werk.

»Ich hoffe, wir haben auch wirklich das geschrieben, was wir vorgeschlagen haben«, sagte Sam grinsend. Wir verstanden natürlich kein Wort Kroatisch und mussten uns voll auf Neva verlassen.

Sie kam zurück und breitete verschiedene Sachen vor uns aus.

»Lecker«, sagte ich und schnappte mir ein Stück Schokolade.

Wir vertieften uns so in die kleine Mahlzeit, dass wir Hummels Schritte erst spät hörten. Er kam die Treppe heraufgerast.

»Er ist … er kommt …!« Mein kleiner Bruder stolperte über die Türschwelle.

Neva fing ihn auf. »Was ist denn los …?«

In diesem Moment hörten wir es: In der ersten Etage wurde eine Tür geschlossen, dann näherten sich Schritte auf der Treppe.

»Dein Vater!«, japste Hummel.

Neva riss die Augen auf. Es war zu spät, um so zu tun, als wären wir nicht hier.

Nevas Papa tauchte im Türrahmen auf und sah uns verwundert an. »Was macht ihr denn hier oben?«, fragte er überrascht, aber freundlich. Dann sah er die Plakate. Schweigend las er das erste. Er ging die Reihen ab und las eins nach dem anderen. Keiner von uns sagte ein Wort. Uns war klar, dass die geheime Aktion zerstört war. Er hatte uns ertappt. Neva schossen Tränen in die Augen. Ich schluckte. Würde er böse werden? Auf jeden Fall konnten wir unsere Klimarettung jetzt vergessen.

»Das habt ihr geschrieben?«, fragte Nevas Vater, als er alles gelesen hatte. Er blieb vor uns stehen und sah uns an.

Traurig nickten wir.

Er hob die Augenbrauen. »Und was habt ihr damit vor?«

Auf Nevas Stirn erschien eine Falte und sie schob trotzig die Unterlippe vor. »Wir wollten der Schlange eine Falle stellen!«, spuckte sie die Worte aus.

Ihr Vater sah sie verständnislos an. »Von wem sprichst du?«

»Ach, das weißt du doch genau«, behauptete Neva und verschränkte die Arme vor der Brust. »Frau Dubrova, diese miese Schlange! Jemand muss ihr das Handwerk legen.«

Hummel griff nach meiner Hand. Ich glaube, er hatte Angst, dass es gleich zu einem richtigen Streit kommen würde.

Mir war auch nicht wohl. Nevas Vater stand ganz stumm da und ließ den Blick noch einmal durch den Raum gleiten. Er sah sehr ernst aus. Während Neva ihn weiterhin herausfordernd anschaute, ballte er Fäuste in den Hosentaschen. Dann schritt er ein zweites Mal an den Laken entlang.

Wir trauten uns nicht, uns zu rühren. Nur Neva wippte ungeduldig mit dem Fuß, aber sie sagte nichts.

Es war so still auf dem Dachboden, dass ich das Summen einer Fliege hören konnte, die immer wieder gegen eine Fensterscheibe flog.

Jedes Plakat las Nevas Vater noch einmal durch.

Als er schließlich wieder bei uns ankam, biss er sich auf die Lippe und rieb sich mit einer Hand das Kinn.

Keine Fäuste mehr und die Augenbrauen hatten wieder eine normale Position.

»Das ist eine echt verrückte Idee«, sagte er und sah uns einem nach dem anderen in die Augen.

»Eine verrückte, brillante Idee!«

Er nahm seine Tochter in den Arm und ich atmete erleichtert auf.

Neva jauchzte und schlang die Arme fest um seinen Hals. »Du bist nicht böse auf uns?«

»Nein«, erwiderte er und schob Neva sanft ein Stückchen von sich, um ihr ins Gesicht sehen zu können. »Ich bin nicht böse auf euch. Ich bin böse auf mich selbst.«

»Ehrlich?«, piepste Hummel. »Warum?«

»Weil ich mir so lange eingeredet habe, dass es irgendwie okay ist, Frau Dubrova nicht zu widersprechen. Ich meine, deine Mutter hat mich so eindringlich gewarnt«, sagte er an Neva gewandt. Er fuhr sich mit der Hand über die Augen, als wolle er Tränen verstecken. »Aber ich habe alles damit gerechtfertigt, dass wir eben das Geld brauchen. Dass alle auf der Insel das Geld brauchen, das die Hotelanlage einbringt.«

»Das stimmt auch«, versuchte Neva ihn zu trösten.

Doch er schüttelte den Kopf. »Wir brauchen Touristen, aber nicht um jeden Preis. Ich weiß schon die ganze Zeit, dass die Art und Weise, wie wir hier bauen, falsch ist. Nur bin ich nicht so mutig und kreativ wie ihr. Wieso bin ich nicht selbst auf so eine Idee gekommen? Ich war verbohrt und habe damit so viel kaputtgemacht.«

Wieder nahm er Neva in den Arm. Er strich ihr zärtlich über das braune Haar und murmelte: »Vor allem bin ich böse auf mich, weil ich unserer Familie geschadet habe.«

Neva weinte jetzt. Sie drückte ihr Gesicht gegen die Brust ihres Papas. Ich konnte sehen, wie ihre Schultern bebten.

»Vielleicht wird ja alles wieder gut«, bemerkte ich schüchtern. »Meine Eltern sagen immer, dass es nie zu spät ist für einen Neuanfang.«

Nevas Papa sah mich an. Seine Augen blickten sehr traurig. Er streichelte Neva noch einmal über den Rücken, dann sagte er: »Das wäre schön. Ich fürchte allerdings, das kann ich nicht so schnell wieder in Ordnung bringen. Aber jetzt lasst uns erst einmal eure Plakataktion besprechen. Wie und wo wollt ihr die Laken denn aufhängen?«

Neva schnäuzte sich und wischte ihr Gesicht trocken. »Ja, das ist jetzt das Wichtigste«, stimmte sie ihm zu.

»Meinen Sie nicht, dass es Ihnen schaden könnte, wenn jemand merkt, dass es von uns kommt?«, forschte Sam nach.

Nevas Vater hob die Schultern. Seine Augen glänzten. »Das kann schon sein«, gab er zu. »Aber ich hätte doch schon lange etwas unternehmen müssen. Es wäre meine Aufgabe gewesen, Frau Dubrova zur Rede zu stellen. Aber ich war zu feige. Und jetzt kommt ihr und heckt mit meiner Tochter den besten Plan aus. Wirklich, ihr seid großartig!«

Neva warf uns einen Blick zu, als müsste sie sich vergewissern, dass das alles hier gerade wirklich passierte.

»Es ist längst Zeit, endlich mal wieder rebellisch zu sein!«, fügte er hinzu.

»Und wenn du deswegen deinen Job verlierst? Du hast gesagt, du unternimmst nichts, weil du Angst hast, dann alles zu verlieren.«

Nevas Vater blieb vor ihr stehen und fuhr sich mit der Hand durch das schwarze gewellte Haar. Sein Gesicht wurde ernst. Er legte Neva die Hände auf die Schultern. »Das ist doch längst passiert«, sagte er ruhig. »Das Wichtigste habe ich schon verloren: meine Familie. Aber ihr habt mir gerade die Augen geöffnet. Ich muss endlich zu dem stehen, was ich schon lange weiß. Es ist meine Aufgabe als Bauleiter, Frau Dubrova auf die schweren Fehler hinzuweisen, die durch die geplante Bauweise entstehen. Das hier ist der erste Schritt.« Er sah uns an. »Das heißt, wenn ihr mir erlaubt, euch zu unterstützen.«

»Natürlich!«, jubelte Hummel. Dann wandte er sich an uns. »Oder?«

Sam, Jo, Neva und ich nickten.

»Wenn Sie helfen, dann müssen wir auch nicht mehr lange grübeln, wie wir heute Nacht an den Strand kommen.«

Nevas Vater lächelte verschmitzt. »Ich glaube, dass alle unsere Freunde dort uns unterstützen werden«, versprach er. »Ich mache gleich mal ein paar Anrufe. Aber kommt, setzen wir uns ins Wohnzimmer und gönnen uns etwas Kühles zu trinken, während wir alles Weitere planen.«

Aufruhr am Partystrand

Obwohl wir die Nacht alle gemütlich in unseren Betten verbrachten, hingen unsere Plakate am nächsten Morgen überall am Partystrand. Nevas Vater hatte mit den Besitzern der Läden telefoniert, die in der Nähe der Baustelle wohnten. Sie hängten die Laken aus ihren Fenstern. Eins hatten Nevas Vater und der Pförtner direkt am Zaun der Baustelle angebracht. Es war das Laken, auf dem der Spruch mit der Sonne stand.

Natürlich hatten wir auch unseren Eltern alles erzählt. Oskar und Ante hatten geholfen, die trockenen Laken abzunehmen und in das Auto von Nevas Vater zu bringen. Dora und Antes Mutter machten sich zwar Sorgen, fanden die Aktion aber mutig. Wir alle wussten, dass der schwierigste Teil noch bevorstand: Nevas Vater würde mit Frau Dubrova reden. Und dann konnte alles passieren.

Der Morgen war so sonnig wie die vorherigen Tage. Papa fuhr sehr früh nach Zadar, um zu arbeiten. Wir warteten ungeduldig darauf, von Dora abgeholt zu werden. Wir wollten alle gemeinsam nach Zrce fahren, um Fotos zu machen und zu beobachten, wie die Leute reagierten.

Die Überraschung kam, als ich gerade von meinem leckeren Frühstücksbrötchen abbeißen wollte. Mama hatte den Fernseher angemacht. Ich wunderte mich, weil sie eigentlich niemals morgens Fernsehen erlaubt. Noch dazu war es ein kroatischer Sender und wir verstanden kein Wort von dem, was gesprochen wurde. Plötzlich flackerten Bilder über den Schirm, die mich dazu brachten aufzuspringen.

»Das sind unsere Plakate!«, rief ich schockiert.

Ein Nachrichtensprecher stand auf der Partymeile und sprach ins Mikrofon. Im Hintergrund sah man die Laken aus den Häusern hängen.

Dora kam zur Terrassentür hereingestürzt.

»Was sagen die?«, wollte Jo wissen.

Wir hingen vor dem Fernseher, als könnten wir besser verstehen, wenn wir näher dran waren.

»Umweltaktivisten rütteln die Partymeile wach«, übersetzte Dora, was auf dem Schriftband unter dem Sprecher stand. »Er sagt, dass in einer Nacht-und-Nebel-Aktion auf die Mängel beim Bau der neuen Hotelanlage hingewiesen wurde«, erklärte sie weiter. »Die Projektleiterin ist noch nicht vor Ort. Er sei gespannt, welche Folgen die Aktion habe.«

»Woher weiß denn das Fernsehen so schnell davon?«, wunderte sich Jo.

Ich sah Mamas Schmunzeln.

»Weißt du was, was wir nicht wissen?«, fragte ich misstrauisch.

Sie sah mir in die Augen. »Ihr seid nicht die Einzigen, die geheime Aktionen draufhaben«, meinte sie lächelnd.

Sam schaute von einem zum anderen. Die Nachrichten drehten sich nun um andere Dinge und Mama schaltete den Fernseher aus.

»Da hat doch Papa seine Hände im Spiel, oder?«

Mama nickte.

»Ja, hat er. Gestern Abend haben wir noch lange mit Nevas Vater geredet. Die Plakate waren ein toller Anfang, aber sie alleine sind noch nicht auffällig genug. Damit es die richtige Wirkung hat, braucht man ein bisschen Presse. Und da sitzt Papa an der Quelle. Die Leute, mit denen er das Projekt in Zadar entwickelt, haben Beziehungen zum Fernsehen und zur Zeitung. Ich denke, in Zrce wird heute der Bär steppen. Wollen wir hinfahren?«

Wir ließen uns das nicht zweimal sagen. Nach einem schnellen Frühstück verteilten wir uns auf die Autos der Nachbarn. Sogar der Fischer hatte plötzlich in der Partygegend zu tun.

Als wir am Partystrand ankamen, waren vor der Baustelle schon eine ganze Menge Leute versammelt. Sie redeten alle wild durcheinander. Wieder verstanden wir kein Wort, aber eins war klar: Hier formte sich gerade eine kleine Demonstrationsgemeinschaft. Hier und da entdeckten wir jemanden, der ein selbst geschriebenes Schild in der Hand hielt.

Neva kam uns mit glühenden Wangen entgegen. »Es kommt mir vor, als hätten alle nur auf diese Gelegenheit gewartet!«, freute sie sich und fiel mir um den Hals. »Natürlich sind nur die Leute hier, die die kleineren Geschäfte betreiben. Ich glaube, die großen Clubs werden sich raushalten. Vielleicht machen sie sogar Ärger. Aber egal, heute geht es um die Hotelanlage. Alles, was wir wollen, ist, dass sie umweltfreundlicher gebaut wird.«

Eine Mischung aus Freude und Angst lag in der Luft. Wie würde Frau Dubrova reagieren? Ich konnte fühlen, dass Neva sich Sorgen um ihren Vater machte. Zu Recht. Auch meine Mutter sagte, dass leider nicht das gute Gewissen bei solchen Projekten regiert, sondern etwas anderes: das Geld.

Wir Kinder beschlossen, uns aus dem Trubel herauszuhalten. Gemeinsam gingen wir hinunter zum Strand.

»Mir tut dein Vater irgendwie leid«, sagte ich zu Neva, während wir am Wasser entlangliefen. »Er muss heute mit der Schlange reden.«

»Mit der Presse auch«, ergänzte sie. »Er hat in einer halben Stunde einen Termin mit einem ganz bekannten Sender. Er wird ein Live-Interview geben. Ich wette, es dauert nicht lange, dann weiß auch meine Mutter Bescheid.«

Daran hatte ich noch gar nicht gedacht. Ob sie es wohl gut finden würde, wie die Sache lief?

Obwohl die Idee von uns gekommen war, hatten wir an diesem Tag nicht mehr viel zu tun. Zuerst warteten wir ab, wie sich die Lage an der Baustelle entwickelte. Die Leute blieben treu zusammen, bis Frau Dubrova endlich vom Festland angereist kam. Mindestens drei Fernsehsender warteten schon auf sie. Als sie aus ihrer Limousine stieg, fing die Menge an, etwas zu rufen. Menschen hielten Schilder in die Höhe, andere pfiffen.

»Sie rufen: ›Sicher bauen, sicher leben!‹«, übersetzte uns Neva.

Dann verschwand die Projektleiterin in einem der Häuser, wo sie sich mit Nevas Vater unterhalten würde.

»Jetzt können wir nur noch beten«, sagte Neva.

Ich glaube, sie sagte es nur so dahin, aber dann machten wir es wirklich. Wir setzten uns etwas abseits von der Menge an den Wegrand und beteten, dass Gott das Gespräch gut laufen lassen würde.

Das letzte Laken

Manchmal ist es echt anstrengend, ein Kind zu sein.

Wir hatten es uns so aufregend vorgestellt, die Klimaretter zu sein. Aber die ganze Sache lief auf einmal ganz ohne uns. Die Erwachsenen führten Gespräche. In der Zeitung und im Fernsehen wurde über den Umweltschutz und irgendwelche Regeln für Neubauten diskutiert. Wir hätten stolz sein können, dass wir das angezettelt hatten, aber es fühlte sich enttäuschend an.

Außerdem wussten wir nicht, ob Nevas Vater seinen Job behalten konnte.

Überhaupt sahen wir Neva den ganzen Tag nicht mehr. Gegen Mittag fuhren unsere Mütter mit uns zurück zum Ferienhaus. Neva blieb bei ihrem Onkel. Ab und zu schickte sie eine kurze Nachricht, aber sie bekam selbst kaum Informationen. Das waren echt anstrengende Stunden! Wir versuchten, unsere Nervosität zu verdrängen. Gemeinsam mit Oskar und Ante trieben wir uns am Pier herum, strolchten zur Bucht und versuchten, an etwas anderes zu denken. Aber obwohl das Wetter superschön war, machte uns gar nichts Spaß.

Erst am nächsten Morgen passierte wieder etwas. Es war unser letzter voller Tag auf der Insel. Am kommenden Tag würde Papa uns mit nach Zadar nehmen. Wir sollten uns in der Stadt beschäftigen, bis er am Nachmittag die Arbeit beendete und wir nach Hause auf den Himmelhof fahren würden.

Gegen neun kam Neva zur Terrassentür herein. »Leute, ihr müsst mir helfen!«, sagte sie zur Begrüßung. Sie sah ziemlich aufgelöst aus.

Lany rannte gleich auf sie zu und umarmte sie.

»Was ist denn los?«, fragte ich besorgt.

Neva war blass und ihr T-Shirt zerknittert, als hätte sie darin geschlafen. Sie ließ sich auf einen Stuhl fallen. Rasch holte Hummel ihr ein Glas Wasser und stellte es vor sie hin.

»Meine Mutter kommt.« Neva nahm das Glas und trank es in einem Zug aus. »Papa weiß noch nicht, wie es weitergeht. Auf der Baustelle ist heute Arbeitsstopp und er sitzt zu Hause und macht sich Sorgen!«

»Oh, oh«, machte Jo. »Meinst du, deine Eltern geraten aneinander, wenn sie sich in dieser Stimmung treffen?«

»Keine Ahnung«, stellte Neva fest. »Aber ich hab mir so lange gewünscht, dass sie wieder miteinander reden. Und jetzt hab ich Angst, dass es schiefgeht!«

Das konnte ich gut verstehen. Aber wie sollten wir da helfen?

»Lass uns mal eine Runde spazieren gehen«, schlug ich vor. »Vielleicht fällt uns dabei etwas ein.« Ich kenne das von zu Hause. Wenn ich ratlos bin, dann schnappe ich mir unsere Hündin Bella und gehe eine ganz große Runde mit ihr. Meistens kommen mir dabei ein paar gute Gedanken.

Neva war einverstanden und so zogen wir los. Wir waren wieder alle zusammen: Sam, Jo, Hummel, Lany, Oskar, Ante, Neva und ich. Gemeinsam liefen wir durch das Dorf. Ein paar Leute schauten aus ihren Fenstern und grüßten Neva. Ich glaube, sie waren alle neugierig darauf, wie die Sache ausgehen würde.

Ohne groß darüber nachzudenken, schlugen wir den Weg zum Thunfischturm ein. Wir schlüpften durch die Tür und gingen nach oben zum Matratzenlager. Als wir da so saßen, kam Ante auf eine Idee.

»Wisst ihr, was ich machen würde, wenn sich meine Eltern versöhnen sollten?«, fragte er.

Wir schauten ihn fragend an.

»Ich würde sie zu einem romantischen Essen einladen.«

»Guter Gedanke«, entgegnete Sam. »Gibt's hier ein schönes Restaurant?«

Neva sprang auf. »Ach was, das brauchen wir nicht«, behauptete sie und sah auf einmal wieder viel lebendiger aus. »Wir machen genau hier, im Thunfischturm, ein tolles Abendessen für sie. Das kriegen wir doch hin, oder?«

Das war ganz nach meinem Geschmack. Ich liebe es, Feste zu organisieren.

»Meinst du, wir können einen Tisch und zwei Stühle von irgendwo organisieren und hierherbringen?«, fragte ich. »Geschirr und all das können wir aus dem Ferienhaus holen oder von dir zu Hause. Und dann Deko …«

»Und Laternen«, ergänzte Jo. »Abends wird es bestimmt schnell dunkel hier drin.«

Oskar kratzte sich am Hinterkopf. »Meine Mutter kann sicher was kochen, wenn ich sie frage. Das macht sie total gerne.«

»Und Lany und ich basteln die Einladungen«, legte Hummel fest.

Wir waren alle Feuer und Flamme für die Idee.

»Mama hat gesagt, dass sie gegen siebzehn Uhr hier ankommt«, teilte Neva uns mit. »Bis dahin haben wir Zeit.«

Ich ging zur Tür. »Also los! Machen wir uns an die Arbeit.«

Alle halfen mit, die Überraschung vorzubereiten. Antes Mutter suchte ganz viele Laternen zusammen. Sogar eine batteriebetriebene Lichterkette fand sich. Gemeinsam mit meiner Mutter schaffte sie es, einen kleinen Tisch und zwei Stühle ins Auto zu packen. Eine Kiste Geschirr, Kissen und ein Tischtuch kamen noch dazu. Ich pflückte einen großen Blumenstrauß im Garten. Dann fuhren wir in die Nähe des Turms. Wir mussten die Sachen zwar trotzdem noch ein ganzes Stück durch das Gebüsch tragen, aber es klappte.

Währenddessen stellte Dora ein Menü zusammen. Oskar und Ante halfen ihr, Gemüse zu schnippeln und einen Kuchen zu backen.

Neva, Sam und ich dekorierten den runden Raum im Turm. Mama half im Ferienhaus den beiden Kleinen, die Einladungskarten zu gestalten.

Als wir fertig waren, war es gerade erst kurz vor drei.

»Jetzt müssen wir noch lange warten«, sagte Neva verzweifelt. »Ich glaube, das halte ich nicht aus.«

»Das schaffst du schon«, redete ich ihr Mut zu. »Komm, wir schauen mal, wie es deinem Vater geht.«

Gemeinsam gingen wir zu Nevas Haus. In der Wohnetage fanden wir ihn nicht.

»Schläft er vielleicht?«, flüsterte ich.

Aber Neva schüttelte den Kopf. »Das glaube ich nicht«, sagte sie. »Er ist bestimmt mindestens genauso aufgeregt wie ich.«

Wir hörten ein Poltern über uns.

»Er ist auf dem Dachboden!«

Eilig liefen wir die Treppe hinauf. Da war er. Er hatte rote Finger und schaute uns an, als hätten wir ihn bei etwas Verbotenem erwischt. An der Wäscheleine hing das letzte, übrig gebliebene Bettlaken von der Yacht. Darauf stand mit roter Farbe etwas geschrieben.

»Ach, Papa, das ist so süß von dir«, sagte Neva und umarmte ihren Vater.

Der wischte sich mit der Hand übers Gesicht, sodass rote Farbe in seiner Augenbraue hängen blieb.

»Ich wünschte, ich hätte das alles viel früher gemacht«, murmelte er.

Ich beschloss, dass die beiden jetzt besser ohne mich klarkamen.

Um siebzehn Uhr würde ich im Thunfischturm die Laternen anzünden.

Eine Geschichte zum Weiterschreiben

Wahrscheinlich hast du gehofft, dass jetzt ein Happy End kommt.

Vielleicht ist es ja eins. Aber dieses Abenteuer ist nicht wirklich zu Ende. Ich glaube, es wird noch lange dauern, bis das Klima gerettet ist. Wir Geschwister Himmelweit können es nicht alleine schaffen – nicht einmal mit der Klimaretterbande. Es ist eine Aufgabe, an der wir alle mitarbeiten müssen.

Und die Sache mit Nevas Eltern? Tja.

Das Abendessen im Thunfischturm war jedenfalls wirklich wundervoll.

Die Laternen strahlten hell und warm, das Essen duftete und aus einer Box spielte leise Musik. Wir hielten uns im Hintergrund, als die beiden sich unterhielten. Allerdings saß Neva die ganze Zeit mit einem Ohr an der Tür da, um sie zu belauschen.

Am Ende gingen Lucia und Stepan gemeinsam

fort. Sam folgte ihnen leise. Er sagt, sie seien zur Bucht gelaufen und mit dem Boot aufs Meer gefahren.

Wir räumten den Thunfischturm auf und brachten alles wieder ins Ferienhaus. Am nächsten Morgen fuhren wir zurück nach Hause.

Aus dem Fenster von Nevas Haus hing ein weißes Bettlaken.

Darauf stand in großen roten Buchstaben: *Lucia, ich liebe dich.*

Lesetipps für Dich

Anni E. Lindner
Wie wir die Welt retten wollten und dabei aus Versehen das Bernsteinzimmer fanden
Wir vom Himmelhof – Band 1
ISBN 978-3-96362-301-1
303 Seiten, gebunden

Hast du schon mal versucht die Welt zu retten?
Ich meine jetzt nicht wie ein Superheld, mit Cape und so. Eher durch eine richtig wichtige Aktion.
Meine Geschwister und ich, wir wollten in diesem Sommer etwas gegen die Umweltverschmutzung tun. Aber dann ging irgendwie alles schief: Erst verschwand unsere Hündin, dann fiel Jo in den See, und plötzlich waren wir einem ziemlich gruseligen Geheimnis auf der Spur ... Ich hätte ja nie gedacht, dass es so aufregend sein könnte, etwas Gutes zu tun!
Wenn du willst, erzähle ich dir die ganze Geschichte so, wie es wirklich war. Aber, psst: Die Details muss nicht jeder wissen ...

Illustrationen von Angela Glökler

Louie Giglio
Gott, die sensationelle Schöpfung und du
100 Funfacts über das All, die Erde und ihre Lebewesen
ISBN 978-3-96362-365-3
208 Seiten, gebunden

Die Welt ist voller Wunder!

Hast du schon mal von Hügeln gehört, die aussehen wie Schokodrops? Weißt du, wie klein die kleinste Schildkröte der Welt ist und dass du schon vor deiner Geburt riechen konntest?

Gott muss beim Erschaffen all der Wunder unseres Universums unfassbar viel Spaß gehabt haben. Alles, was existiert, hat er sich ausgedacht:

- die nie komplett erforschbaren Weiten des Alls
- unsere Erde, den einzigen Planeten ihrer Art
- jedes noch so erstaunliche Tier, vom Okapi bis zum Sägefisch
- und uns Menschen – keiner ist wie der andere!

Bestimmt wird dich so einiges überraschen und zum Lachen bringen!

Mit jeder Menge erstaunlicher Fakten, Bildern, Ideen für den Alltag & Anregungen zum Gebet.

Felicitas Brandt
Die Blackbirds – Auf der Spur des Goldenen Pharaos
ISBN 978-3-96362-334-9
303 Seiten, gebunden

Ein gewaltiges Erdbeben hat in der ägyptischen Wüste eine bisher unentdeckte Pyramide freigelegt. Damit stehen die Ferienpläne von Scotty und Constantin Blackbird fest, denn ihre Eltern sind berühmte Forscher und bekommen den Auftrag, das uralte Bauwerk zu erkunden. Könnte die Pyramide sogar der Beweis für die Existenz des sagenumwobenen Goldenen Pharaos sein, dem ihre Mutter seit Jahren auf der Spur ist?

Schon bald stellen die Geschwister fest, dass sich im Forschungscamp seltsame Dinge ereignen: Wer stiehlt die Vorräte? Von wem stammen die unheimlichen Geräusche, die nachts aus der Wüste zu hören sind? Und wer schickt die Lichtsignale von den Flüsternden Steinen?

Begleitet von der Wüstenrennmaus Willi stürzen sich Scotty und Constantin mitten hinein ins Abenteuer und versuchen, die Rätsel zu lösen.

Esther Schuster
Merle und die Cappuccino-Falle
ISBN 978-3-96362-270-0
336 Seiten, gebunden

Für Lu bricht eine Welt zusammen: Wegen einer Verletzung hat sich ihre Zukunft als Ballerina in Luft aufgelöst. Frustriert zieht sie sich zurück und scheint sich nur noch für ihr Aussehen, Instagram und überhaupt das Internet zu interessieren. Doch so einfach lassen sich Merle und Mi von ihrer Freundin nicht unterkriegen. Sie planen einen spannenden Ausflug zu dritt: Geocaching!
Die Schatzsuche entpuppt sich jedoch prompt als neuer Fall für den Club ohne Namen und bald schon stecken sie mitten in ihren Ermittlungen. Sie ahnen nicht, dass sich währenddessen noch eine ganz andere Gefahr anbahnt …

Unsere Abenteuerreihe von Stefanie Kloft

Die Windvögel – Das geheimnisvolle Leuchten
ISBN 978-3-96362-239-7
214 Seiten, gebunden

Große Enttäuschung für Ella und Hannes: Statt nach Ägypten geht's nach Österreich. Aus der Notlösung wird jedoch ein Abenteuer mit coolen Erlebnissen auf einem reißenden Fluss und unter dem Sternenhimmel. Doch woher kommen diese Leuchtsignale in den Bergen?

Die Windvögel – Sturm über Berlin
ISBN 978-3-96362-269-4
192 Seiten, gebunden

Ein aufziehender Sturm stürzt die Stadt ins Chaos. Ehe sie sich's versehen, stecken die Windvögel bis zum Hals in Schwierigkeiten. Und dann ist da noch dieser unheimliche Mann im blau-weißen Trainingsanzug, der überall aufzutauchen scheint ...

Die Windvögel – Der verbotene Wald
ISBN 978-3-96362-303-5
224 Seiten, gebunden

Ella und Hannes freuen sich auf ein entspanntes Campingwochenende mit ihren Eltern in Brandenburg, doch als der freche Johnny Hannes den Wald zeigen will, den sie eigentlich gar nicht betreten dürfen, passiert ein Unglück und ein gefährlicher Wettlauf gegen die Zeit beginnt ...